陳福成 著

陳福成著作全編

第六十八冊　西洋政治思想史概述

文史哲出版社印行

國家圖書館出版品預行編目資料

陳福成著作全編 / 陳福成著. -- 初版. --臺北
市:文史哲,民 104.08
　　頁：　公分
　　ISBN 978-986-314-266-9（全套：平裝）

848.6　　　　　　　　　　104013035

陳福成著作全編

第六十八冊　西洋政治思想史概述

著　　者：陳　　　　　福　　　　　成
出版者：文　史　哲　出　版　社
http://www.lapen.com.tw
登記證字號：行政院新聞局版臺業字五三三七號
發行人：彭　　　　正　　　　雄
發行所：文　史　哲　出　版　社
印刷者：文　史　哲　出　版　社
臺北市羅斯福路一段七十二巷四號
郵政劃撥帳號：一六一八〇一七五
電話 886-2-23511028・傳真 886-2-23965656

全 80 冊定價新臺幣 36,800 元

二〇一五年（民一〇四）八月初版

陳福成著作全編 總目

總　序

陳福成的一部文史哲政兵千秋事業

　　陳福成先生，祖籍四川成都，一九五二年出生在台灣省台中縣。筆名古晟、藍天、司馬千、鄉下人等，皈依法名：本肇居士。一生除軍職外，以絕大多數時間投入寫作，範圍包括詩歌、小說、政治（兩岸關係、國際關係）、歷史、文化、宗教、哲學、兵學（國防、軍事、戰爭、兵法），及教育部審定之大學、專科（三專、五專）、高中（職）等各級學校國防通識（軍訓課本）十二冊。以上總計近百部著作，目前尚未出版者尚約二十部。

　　我的戶籍資料上寫著祖籍四川成都，小時候也在軍眷長大，初中畢業（民 57 年 6 月），投考陸軍官校預備班十三期，三年後（民 60）直升陸軍官校正期班四十四期，民國六十四年八月畢業，隨即分發野戰部隊服役，到民國八十三年四月轉台灣大學軍訓教官。到民國八十八年二月，我以台大夜間部（兼文學院）主任教官退休（伍），進入全職寫作高峰期。

　　我年青時代也曾好奇問老爸：「我們家到底有沒有家譜？」

　　他說：「當然有。」他肯定說，停一下又說：「三十

八年逃命都來不及了，現在有個鬼啦！」

　　兩岸開放前他老人家就走了，開放後經很多連繫和尋找，真的連鬼都沒有了，茫茫無垠的「四川北門」，早已人事全非了。

　　但我的母系家譜卻很清楚，母親陳蕊是台中縣龍井鄉人。她的先祖其實來台不算太久，按家譜記載，到我陳福成才不過第五代，大陸原籍福建省泉州府同安縣六都施盤鄉馬巷。

　　第一代祖陳添丁、妣黃媽名申氏。從原籍移居台灣島台中州大甲郡龍井庄龍目井字水裡社三十六番地，移台時間不詳。陳添丁生於清道光二十年（庚子，一八四〇年）六月十二日，卒於民國四年（一九一五年），葬於水裡社共同墓地，坐北向南，他有二個兒子，長子昌，次子標。

　　第二代祖陳昌（我外曾祖父），生於清同治五年（丙寅，一八六六年）九月十四日，卒於民國廿六年（昭和十二年）四月二十二日，葬在水裡社共同墓地，坐東南向西北。陳昌娶蔡匏，育有四子，長子平、次子豬、三子波、四子萬芳。

　　第三代祖陳平（我外祖父），生於清光緒十七年（辛卯，一八九一年）九月二十五日，卒於（年略記）二月十三日。陳平娶彭宜（我外祖母），生光緒二十二年（丙申，一八九六年）六月十二日，卒於民國五十六年十二月十六日。他們育有一子五女，長子陳火，長女陳變、次女陳燕、三女陳蕊、四女陳品、五女陳鶯。

　　以上到我母親陳蕊是第四代，到筆者陳福成是第五代，與我同是第五代的表兄弟姊妹共三十二人，目前大約半數仍在就職中，半數已退休。

　　寫作是我一輩子的興趣，一個職業軍人怎會變成以寫

作為一生志業，在我的幾本著作都詳述（如《迷航記》、《台大教官興衰錄》、《五十不惑》等」。我從軍校大學時代開始寫，從台大主任教官退休後，全力排除無謂應酬，更全力全心的寫（不含為教育部編著的大學、高中職《國防通識》十餘冊）。我把《陳福成著作全編》略為分類暨編目如下：

壹、兩岸關係

　　①《決戰閏八月》　②《防衛大台灣》　③《解開兩岸十大弔詭》④《大陸政策與兩岸關係》。

貳、國家安全

　　⑤《國家安全與情治機關的弔詭》　⑥《國家安全與戰略關係》　⑦《國家安全論壇》。

參、中國學四部曲

　　⑧《中國歷代戰爭新詮》　⑨《中國近代黨派發展研究新詮》　⑩《中國政治思想新詮》　⑪《中國四大兵法家新詮：孫子、吳起、孫臏、孔明》。

肆、歷史、人類、文化、宗教、會黨

　　⑫《神劍與屠刀》　⑬《中國神譜》　⑭《天帝教的中華文化意涵》⑮《奴婢妾匪到革命家之路：復興廣播電台謝雪紅訪講錄》　⑯《洪門、青幫與哥老會研究》。

伍、詩〈現代詩、傳統詩〉、文學

　　⑰《幻夢花開一江山》　⑱《赤縣行腳・神州心旅》　⑲《「外公」與「外婆」的詩》、⑳《尋找一座山》　㉑《春秋記實》　㉒《性情世界》　㉓《春秋詩選》　㉔《八方風雲性情世界》　㉕《古晟的誕生》　㉖《把腳印典藏在雲端》㉗《從魯迅文學醫人魂救國魂說起》　㉘《六十後詩雜記詩集》。

陸、現代詩（詩人、詩社）研究

㉙《三月詩會研究》 ㉚《我們的春秋大業：三月詩會二十年別集》 ㉛《中國當代平民詩人王學忠》 ㉜《讀詩稗記》 ㉝《嚴謹與浪漫之間》 ㉞《一信詩學研究：解剖一隻九頭詩鵠》 ㉟《囚徒》 ㊱胡爾泰現代詩臆說 ㊲王學忠籲天詩錄。

柒、春秋典型人物研究、遊記

㊳《山西芮城劉焦智「鳳梅人」報研究》 ㊴《在「鳳梅人」小橋上》 ㊵《我所知道的孫大公》 ㊶《孫大公思想主張手稿》 ㊷《金秋六人行》㊸《漸凍勇士陳宏》。

捌、小說、翻譯小說

㊹《迷情・奇謀・輪迴》 ㊺《愛倫坡恐怖推理小說》。

玖、散文、論文、雜記、詩遊記、人生小品

㊻《一個軍校生的台大閒情》 ㊼《古道・秋風・瘦筆》 ㊽《頓悟學習》 ㊾《春秋正義》 ㊿《公主與王子的夢幻》 (51)《洄游的鮭魚》 (52)《男人和女人的情話真話》 (53)《台灣邊陲之美》 (54)《最自在的彩霞》 (55)《梁又平事件後》。

拾、回憶錄體

(56)《五十不惑》 (57)《我的革命檔案》 (58)《台大教官興衰錄》 (59)《迷航記》 (60)《最後一代書寫的身影》 (61)《我這輩子幹了什麼好事》 (62)《那些年我們是這樣寫情書的》 (63)《那些年我們是這樣談戀愛的》 (64)《台灣大學退休人員聯誼會第九屆理事長記實》。

拾壹、兵學、戰爭

(65)《孫子實戰經驗研究》 (66)《第四波戰爭開山鼻祖賓拉登》。

拾貳、政治研究

⑥《政治學方法論概說》　⑥《西洋政治思想史概述》
⑥《中國全民民主統一會北京行》、⑦《尋找理想國：中國式民主政治研究要綱》。

拾參、中國命運、喚醒國魂

⑦《大浩劫後：日本 311 天譴說》、《日本問題的終極處理》　⑦《台大逸仙學會》。

拾肆、地方誌、地區研究

⑦《台北公館台大地區考古‧導覽》　⑦《台中開發史》
⑦《台北的前世今生》　⑦《台北公館地區開發史》。

拾伍、其他

⑦《英文單字研究》　⑦《與君賞玩天地寬》（別人評論）　⑦《非常傳銷學》　⑧《新領導與管理實務》。

　　我這樣的分類並非很確定，如《謝雪紅訪講錄》，是人物誌，但也是政治，更是歷史，說的更白，是兩岸永恆不變又難分難解的「本質性」問題。

　　以上這些作品大約可以概括在「中國學」範圍，如我在每本書扉頁所述，以「生長在台灣的中國人為榮」，以創作、鑽研「中國學」，貢獻所能和所學為自我實現的途徑，以宣揚中國春秋大義、中華文化和促進中國和平統一為今生志業，直到生命結束。我這樣的人生，似乎滿懷「文天祥、岳飛式的血性」。

　　抗戰時期，胡宗南將軍曾主持陸軍官校第七分校（在王曲），校中有兩幅對聯，一是「升官發財請走別路、貪生怕死莫入此門」，二是「鐵肩擔主義、血手寫文章」。前聯原在廣州黃埔，後聯乃胡將軍胸懷，「鐵肩擔主義」我沒機會，但「血手寫文章」的「血性」俱在我各類著作詩文中。

　　人生無常，我到六十三歲之年，以對自己人生進行「總清算」的心態出版這套書。

　　回首前塵，我的人生大致分成兩個「生死」階段，第一個階段是「理想走向毀滅」，年齡從十五歲進軍校到四十三歲，離開野戰部隊前往台灣大學任職中校教官。第二個階段是「毀滅到救贖」，四十三歲以後的寫作人生。

　　「理想到毀滅」，我的人生全面瓦解、變質，險些遭到軍法審判，就算軍法不判我，我也幾乎要「自我毀滅」；而「毀滅到救贖」是到台大才得到的「新生命」，我積極寫作是從台大開始的，我常說「台大是我啟蒙的道場」有原因的。均可見《五十不惑》、《迷航記》等書。

　　我從年青立志要當一個「偉大的軍人」，為國家復興、統一做出貢獻，為中華民族的繁榮綿延盡個人最大之力，卻才起步就「死」在起跑點上，這是個人的悲劇和不智，正好也給讀者一個警示。人生絕不能在起跑點就走入「死巷」，切記！切記！讀者以我為鑒！在軍人以外的文學、史政有這套書的出版，也算是對國家民族社會有點貢獻，對自己的人生有了交待，這致少也算「起死回生」了！

　　順要一說的，我全部的著作都放棄個人著作權，成為兩岸中國人的共同文化財，而台北的文史哲出版有優先使用權和發行權。

　　這套書能順利出版，最大的功臣是我老友，文史哲出版社老闆彭正雄先生和他的夥伴們。彭先生對中華文化的傳播，對兩岸文化交流都有崇高的使命感，向他和夥伴致上最高謝意。（台北公館蟾蜍山萬盛草堂主人　陳福成　誌於二〇一四年五月榮獲第五十五屆中國文藝獎章文學創作獎前夕）

西洋政治思想史概說

目　次

第一章　西洋政治思想的性質和範圍

一、政治思想在政治學中之地位
二、政治思想之由起盛衰與功用
三、西洋政治思想之要題派別與趨向
四、西洋政治思想之研究

一、政治思想在政治學中之地位

001　申論政治思想與政治學的關係

㈠所謂「政治」：（若論定義可見他書）

人類在眾多不同的疆域、團體、階級中，一切共同事務的有組織之管理－並憑藉若干強制力量，依照若干流行規則；及因此而起或與此有關的活動。

「強制力量」，指一切能使他人服從的力量，成份有物體、心理、理智、經濟、法律五種力量。

「流行規則」，不論成文與不成文均是；流行久了，成為一種強制力。

㈡政治構成六因素：

①政治人物：個體或群體之品格、才能……等。
②政治現象：一切事實之經過、狀況、運動……等。

③政治制度：一切系統之法令規章。

④政治觀念：正義、自由、全意志……等。

⑤政治勢力：能影響、支配、或推動政治者，如錢、輿論……等。

⑥歷史文化：一國之歷史、文化、地理等，是該國政治的重要內涵。

㈢六大因素之關係：

①任何政治事物包含此六因素。

②每一政治事物可作為任何政治因素：如論戰爭，是現象，也是有制度，也有勢力等。

③每一政治因素，可轉化為其他因素：如孟德斯鳩的三權分立，初是觀念，後轉成制度。中山先生的三民主義也是。

④五者在縱（時間）、橫（空間）上，永遠不斷交互影響。

⑤歷史、文化、地理等，對政治永遠有統儷的力量。

㈣政治同時是方法，也是目的：

方法：因要對共同事務行「有組織的管理」，用強制力量與流行規則。均賴社會學、經濟學……等助之。

目的：所管理乃是「共同事務」，維持社會安定，以利人的生存和發展。

㈤政治思想之定義：

「一切理智的努力求以抨擊、辯護、能釋、或建造基本的政治人物、政治現象、政治制度、政治觀念、政治勢力，維持國家民族歷史文化的永續發展。」

㈥進而知政治學定義：

「是研究普遍政治之基本原理。亦即研究六大政治因素－人物、現象、制度、觀念、勢力和歷史文化之個別與相互的基本原理。」

「普遍政治」：為與「個別政治」相對立，其異在範圍、時間、空間。

「基本原理」：使政治學能成為科學的唯一途徑。政治學可有四大層域，理論、敘述、定理、運用。

應用：本於定理，才是藝術。

定理：以事實為根據，要精確敘述，此為科學。

敘述：只是歷史、文化及地理環境等。

理論：是哲學。

小結：政治思想與政治學之關係：

	政治思想	政治學
動機	求辯護、攻擊、創造個別政治，往往同時能解釋普遍政治。	只求解釋政治，但確定普遍政治始能解釋個別政治。
對象	大多是個別政治	應為普遍政治
內容	乃為假定、虛構、猜測、幻想	基本原理，古今不變
性質	主觀的	客觀的
範圍	可包含政治學	廣義：可包含政治思想

二、政治思想之由起盛衰與功用

002 申論政治思想之由起淵源及變遷興衰。

㈠一般政治思想之淵源不外三端：

①人類之論理能力（reasoning faculty），此人性本質之一部份
(an integral part)，非自外添加(super-impose)。
W. T. Marvin 稱之「instinctive curiosity」。

②主觀地予合理化(即 rationalization 或 defence mechanism)。
以合理性為標準，擁護、抨擊由此起。

③改善之努力：改善等於建設，建設的政治思想包今抨擊與辯
護。打破不合理之現狀，「建造」合理。

㈡因由起而有變遷：

人類生活是完整之疆域，凡宗教、社會、經濟……變動，政
治思想均隨之變遷。故政治思想正如政治學與其他一切科學關係
有四種方式：

①內容關係
②材料關係
③工具關係
④觀點關係

㈢個別政治思想能否興盛，端賴四個條件：

①能成為人類生活之重心：如中古重宗教，乃有神學政治。而
今日最重在經濟，少有純粹政爭。

②在問題之迫切：如中古政權教權有爭，政治思想乃集中在如
　　何解決之問題上。我國清末先秦亦然。

③理智之潮流：如中古一切引聖為證，今日個人主義風行。人
　　成了「一包本能與衝動」(a bundle of instincts and impulses)

④社會環境：政治思想正如一切生物，適合環境生存，終為人
　　民接受而滋長，否則遲早枯萎。

⑤一種政治思想之能興起，被多數人所接受，必因能維護社會
　　的公平正義，確保社會安定發展，使未來更美好。

　　再者，亦必觀念單純而富感情，單純則領會易而流傳廣，富
感情則刺激深而反應強。如自由、民主、三民主義等。

003　政治思想之功用與流弊：

㈠功用：

①提供是非取捨之標準。一切政治行為，都有其理想中應然之
　　標準。（大多有半意識）為努力之方向。

②滿足人性企求－將一切政治事實理性化。「應然」標準本有
　　爭論，但具體事實必有當時認為「應然」之理論為依據，方
　　可為眾人接受，如鈔票要蓋印才能流通。

③促進攻治事實之改變。是思想支配事實，或反之，其爭多
　　也。實則相互影響，且結合難分。

④輔助闡明政治之所以然。或能樹立「普遍政治」之「基本原
　　理」。

㈡流弊：

①不合原理（客觀）、謬誤（主觀）：如種族優越感。

②不合環境：盲目鼓吹，如台獨思想，毒害眾生。

③已失效用，反成障礙。新舊思想過渡時，舊思想常成障礙。錯誤的思想雖流毒無窮，但人常因一己之利益和私心，存有偏見且將這種偏見思想無限上綱，台灣的自由時報（林榮三、吳阿明主持）是一種實例，他們為宣揚台獨思想，醜化中國，可以說極盡不擇手段之能事。自由時報幹這種事，可謂無日不有，天天都是幾版「植入性行銷」的台獨思想宣傳，和醜化中國的宣傳，許多人不知不覺間被「洗腦」，非智者不能自覺。

這不過舉一實例，說明錯誤思想之毒害，是很可怕的，西洋政治思想案例更多，將會慢慢談到。

㈢張金鑑教受的補充

①消極面：

斯蒂芬(Leolie Stephen)：政治思想是對政治抱怨的產物，進行革命的信號。

只重理想、不切實際，少有實用價值。

②積極面：

政治思想家對政治上的名詞給予確切定義，如自由、民族；

思想是行為的原動力，可對歷史作適當解釋；

認識現在的政治與國際關係，如均衡主義；

是一個公民的生活、行為之指導原則；

有其學術上的價值與地位。

以上論述，可見思想是一種「利刃」，可為善為害，但卻不能定於一尊。若將某種思想定於一尊，必是政治力的操控使然，如「民主政治」、「人權」，及至更早的「君權神授」等。

三、西洋政治思想之要題與趨向

004　西洋政治思想之要題與派別如何？

㈠具體言之，即下列之定義、性質、成份、存廢利弊、職務、範圍……等：

①國家、政府、主權、黨派、民族與種族、個人、團體在國家中地位。

②統治者與被統治者，政治與環境、民意、國際關係。

③權利與義務、戰爭與和平、權威、法律與強制、自由平等。

④宗教、教育、倫理、經濟與政治關係。

㈡但可概括要題：

①何者是應受共同管理之「共同事務」。

②如何有「組織」地「管理」共同事務。

③「強制力量」可否避免，根劇、程度、方式、範圍。

④「流行規則」之性質，標準、形成、目的。

⑤何者是普遍政治之基本原理。

㈢政治思想之派別：

①倫理派：如柏拉圖、亞里士多德。

②神學派：如奧古斯丁、阿奎那。

③理性派：如福爾泰、邊沁、米勒。

④唯心派：如康德、黑格爾。

⑤實在派：如亞里士多德、馬基維利。

⑥機械派：如孟德斯鳩、洛克。

⑦歷史派：如戴雪(Dicey)。

⑧生物派：達爾文、尼采。

⑨社會派：如孔德。

⑩心理派：如華樂斯(Wallas)。

⑪法理派：如德國法學家 Laband。

⑫經濟派：馬克斯、恩格斯。

四西洋政治思想之趨向：

①由假定而趨實測：柏拉圖的哲君論、盧梭之全意志、邊沁的功利、霍布斯人性本惡、洛克人性本善，都是以假定的應然視為實然。今則尚實然也。

②由絕對而相對。

③由一元而多元。

④由理智而情感：中古特重理性，如國家、法律均以理性為基礎，今則產生「反理智主義」，謂政治行為是感情活動。

⑤由政治而經濟。

⑥由個人而集團。

⑦由觀念、制度而至現象、勢力、人物。

⑧由籠統而專題。

⑨由經驗而價值：早期經驗論主張「價值中立」，今則已將價值「量化」。

四、西洋政治思想之研究

005　西洋政治思想如何著手研究。

㈠材料：分成文和不成文。

①成文：思想家著作、言論文字。政府公文書。

　　文學家作品、報章雜誌。

②不成文：寓於法律、制度中或深入士人思維中者。

㈡正當態度：指捐除成見與設身置地，注意三點：

①追究緣由：知社會背景，審時代精神，思想者背景。

②評估價值：能否實現，比較，有無政治原理，或屬虛構。

③核計影響：不論程度大小，而在過程上有直接與間接之判。

④將思想史的材料，做科學研究，找出原理。

　　小結：研究西洋政治思想史，不僅求知，也在致用。基本政
　　　　　治問題，古今相同，中外無異。

　　　　　此處所論多涉"方法論"，可另見別書。

第二章　西洋近代政治思想的淵源

一、希臘
二、羅馬
三、中古世紀
四、再生與改革時代
五、代近之前期

柏拉圖(B. C. 428-347) $\dfrac{2183}{年}$ 孟德斯鳩(1689-1755)

一、希　臘

㈠政治思想的背景

006　希臘政治思想發達因素之背景

㈠政治思想發達之特殊因素：

①地理環境：平坦，無沙漠山川，使人用理性解釋自然，自然都能理性解釋，則政治生活當然可以探討。

②宗教觀念：自然可被人解釋，則宗教也不神秘，教士即無特權。由言論自由而有哲學理論之異彩，並不意外。

③個人地位：公民（奴隸、工商除外）均有參政權，個人價值
　受尊重，則政治觀念為公民全體所共有。

④政治變遷：除斯巴達曾數百年無變遷外，餘市府大抵由君
　主→貴族→暴君→民治之變遷，足以激發，而生經驗。

⑤政制歧異：如 Athens、Sparta、Thebes 的互異。

㈡市府國家的一般狀況：

希臘的民主生活約萌芽於 B. C. 900 年，至七世紀完備，紀元
後四世紀衰亡，哲人都以 Athens、Sparta 為範例加以理想化。希
臘人的政治學為國家論、法律論、道德論、教育論四體合一。

德累科(Draco, 621 B. C.)
梭倫(Solon, 594-591 B. C.) ⎤均於是時訂立民刑法典。

伯里克里斯(Pericles)於 432 B. C.的國葬演說，是民治理想的
結晶，代議見雛形。

㈢哲人派(Sophists)

創立人是 Protagoras（約 500-430 B. C.），反對神權思想，倡
「人為萬物之準則」(Man in the measure of all things)。

哥爾期亞(Gorgias)於 427 B. C.到 Athens，否認物質、真理之
存在。

Glaucon 和 Callicles 均認為法律是弱者抵制強者的協訂。

Thrasymachus 更認強權即公理正義。

此派共同信條是個人主義，人性自私，在紀元前五世紀時，
比柏拉圖教條動聽，甚多人民接受。

浦薛鳳、張金鑑、薩孟武三位對詭辯派論述均有不同，可另
參考他們的著作。

㈣蘇格拉底(Socrates, 470-399 B. C.)：

其與哲人派不同，高標真理之存在，且萬物有真理；智識即美德。在政治方面，人生而合作與合群，國家起於自然真理；服從法律並非基於功利而是職責，不良的法律也應服從。

他宣揚理論是使用問答辯證，得出「普遍界說」。

他是後來柏拉圖、亞里斯多得的宗師。

㈤得Socrates局部精神，也是柏、亞二氏先河有二人：

①色諾芬(Xenophon)：

討厭雅典民治，斥為不尚智能；崇斯巴達、波斯，羨其治國加治單，倡買人政治，主張居主政體。

②伊索格拉底(Isocrates, 436-338 B. C.)：

他也是哲人派，著眼政治教育，討論市府國家間應有關係，認內政外交息息相關，主張各市府聯合抗波斯。

小結：希臘政治思想特別發達是因地理、天然因素，市府國家的發展，重視個人，加以若干哲人出現，為其背景。

007　詭辯派政治思想。

㈠商業興起創造「政治學」，其啟蒙是詭辯派：

B. C.第六世紀，雅典商業正盛，至前五世紀雅典戰勝波斯，商業更發達。蓋農業社會農民被勞動束縛，幾無心靈活動。商人則反之，故此時不但商業興盛，且關心社會，土地貴族的政權也開始旁落。而此時雅典政治也趨向民主，為要得到政權，口才與

詭辯為必須。創立人是 Protag oras。

㈡稱 Sophists 含有輕蔑之意，考其原因：

①工商社會向農業社會挑戰，激進反動。任何學科在初創之時，常遭鄙視。前此研究自然現象，現在研究社會現象。

②希臘人原是極端的貴族主義，輕視勞動。現此派突破之，開學招生，收取束脩，世人視之墮落。

③主張無神論、解放、自由、否認真理存在，強權即公理，就當代言，極受非議。

㈢流派：

詭辯派（勃洛達哥拉）

文法派（前 447）────→雄辯派
　　創立人也是勃氏：Man is the measure of all things。
　　學者：攸里庇忒斯(Euripides)
　　　　　布洛底庫斯(Prodicus)

修辭派（前 427）────→政論派　代表有：
　　巨擘：哥爾奇亞(Grogias)　　　　Hippias
　　門人：謝索馬秋(Thrasymachus)　Antiphon
　　　　　　　　　　　　　　　　　Calicules

㈣詭辯派重要思想：

①個人主義及利己思想形成國家。

自然世界是爭奪的，人是利己的。但自然界沒有普遍法則做規範，則人類以利己為第一標準。爭則用武而有亡，所強者弱者就各自組成國家，制訂法律，訂立協定，此國家之形成。

②強者統治，順乎天理：

弱者是要服從法律的，誰當了統治者，能要壟斷全部利益。違反法律，便是違反正義。

強者統治才是自然的，獅虎本來就強。民主平等，有違自然之理。

③反動、進步、自然競爭：

反對民主政治、也反對人為的貴族政治和奴隸制度。全都自然解放，強者來統者。

小結：其利已有如我國楊朱，平民教育似儒家，尚勞動似墨家。

後世武力說，契約說均醞釀此派。

008　申論蘇格拉底(Socrates)的政治思想：

㈠挽救欲分解與腐蝕的希臘社會：

與柏拉圖均有崇高地位，也是對詭辯派的反駁。他喚起人民，相信共同真理，過正當的道德生活。知識就是道德。

詭辯派重視各人意見，追求自由；蘇氏重視客觀和共同真理，追求共同規範的道德生活。這也是千古以來政治思想上的爭論。他並非要恢復古希臘信仰與思想，而是要在混亂的社會中找出普遍的道德準則，發現正義與公道，且均可以的。

㈡反對民主政治的散漫，主張知識份子治國的貴族政治：

即要普遍真理，遵守共同道德原則，當然反對民主政治。當時的民主政治是以人人平等的理論基礎，官吏由抽籤方式產生，

蘇氏甚不滿意。主張賢能在位的貴族政治。因對時政有所譏評，被以誘惑少年之罪判死刑，泰然赴義。

㈢蘇格拉底的方法：

他宣揚理論，採用詰辯，討論，二分法的問答，而得到普遍真理，這種邏輯思考方法與堅持明確定義，成為政治哲學及辯證理論之鼻祖。

他的攻治思想頗似我國孔子：尋找普遍真理、遵守共同道德原則，貴族（君子）治國。

㈡柏拉圖(Plato, 428-347 B. C.)

同其師「智識即美德」，但此智識是概念而非知覺，真理與實在都在此抽象觀念中。故極少哲人能有智識和美德。其輕民治，重貴族有此根據。其唯心主義為後來盧梭、康德所宗師。三赴西西里(Sicily)宣揚主張：

①首次 387 B. C.在 Syracuse 遇暴君 Dionsius，被鬻為奴。

② 386 B. C.贖身回國，在雅典創書院(The Acadamy)，講學 40 年。467 B. C.再往已 60 歲。

③ 361 B. C.又往。仍未重用，法律論乃修正共和國之理想。其思想都用談話問答，擬喻示之。

009　申論柏拉圖(Plato)的共和國思想。

㈠共和國(Republic)約著於 386 B. C，時 42 歲。

是理想中的市府國家，個人與國家如字母之小寫與大寫。個

人離國家無優美可言，國家無個人則無目的。Republic 實併政治、教育、倫理、社會、宗教諸理論於一。

㈡人分三等，美德元素有四：

良善即美德，美德即良善。

①智慧：是其他三種美德之起點，
哲君是尚，治國階級應屬。　　　金質人（理性智慧）

②勇敢：必有寄寓之所，
為護國階級者。　　　銀質人（保衛社稷）

③節制：生產階級（狹義），
如農工，從事勞力者。

④公正：係終點，是群性美德，
人人應有。（正義）　　　銅鐵質人（追求欲望）

此三等人之劃分非先天世襲，是後天能力的自然選擇，但劃分之權在統治者，為職業非為權利，其相分但相合，與今之階級論不同。

㈢共產公妻及評論：

①共產在免內亂，並使政治人物無「利」可爭。與今之共產不同：

	Plato 共產	今之共產
範圍	行於治國、護國階級，貴族性	行於全體，平民性
動機	精神、倫理的	物質的
目的	在政治，以止內亂	在經濟，解決個人生活
共象	收穫之相共	重在生產工具之共

②公妻在防止私產之死恢復燃：

若有家族妻室，使分你我，便有私利私慾之爭。實行公妻，最優交配，一切為國，子女父母各不相識，全由國家養育。

③評論：

其一，今人視為幻想，古代未始沒有土地共有，團體婚姻；其二，中古教士，我國寺院都有相當程度的共產無妻；其三，即認物質環境可支配心理精神，則其唯心論有唯物成份；其四，金銀質人尚不能免於亂而行共產公妻，則銅人豈不更亂；其五，金銀人無治產治家之經驗，如何立法治人；其六，設內亂全由財產，家族而起，何不返璞歸真，以「豬群市府」(The City of Pigs)。

小結：理想中的政體是貴族政體（010 論之），哲王可不循法律而治。治國階級者要經國家長期裁培到 50 歲，可執國政。但總是一個保姆政治，人人成了大機器的一小部份，人格不能發展。其論經濟、國際關係較少。而論正義公道最多（010 論之）。哲君與理想國何在也是千古迷思。

010　柏拉圖 Ropublic 中如何謂政體。

㈠描述政體優劣循環的第一人，（我國孟子晚生 43 年）：

最佳是哲人政治，稱共和政治(Republic)或貴族政體(Aristocracy)。此依理智、正義治國，嚴守共產公妻制度。

↓

次之是 Timocracy（薩薛鳳、浦孟武譯武力政治，張金鑑譯君主政體，大陸簡明英漢辭典譯金權政治或榮譽政治），總之偏離理治正義共產公妻之原則，而尚名位、武力、權謀了。

↓

其次是寡頭政體(Aligarchy)，私有財產起，統治階級控制財富，不顧正義公益，薩孟武稱之「財閥政治」。

↓

再墮落是民主政體(Democracy)，貧富兩極，統治階層腐敗。在上者權力鬥爭無日，在下者濫用自由，感情秩序失控。薩稱之「貧民政治」。嚴重時淪於暴民政體(Anarchy)，即無政府。故，今之民主政治是最差政體，民主是空話。

↓

亂極思治，產生暴君政體(Tranny)，有一強而有力的統治者出現，希臘人和柏拉圖均認最壞之政體。

〔暴君、獨裁、專制政治：Lespotism〕

〔Czarism(za:rizam)：專制、獨裁政治〕

㈡柏拉圖政治哲學中，正義佔最高地位：

①柏氏的正義：

是普遍正義，是自然界的法則。正義或公道不僅是各得其所，各當其位，各盡各責，各得其償。且「以德報怨」、「以善易惡」也是。他把國家人格化，認為國家是完美高尚的道德。故有學者謂共和國一書是倫理學，非政治學。蓋柏氏心中「公」「私」無別，故正義和公道對公私均適用。正義是健康狀態，不公道是病態。

②共和國書中對正義的辯正，（反駁兩種學說）：

其一，反駁詭辯派司拉索馬秋司(Thrasymachus)的「正義是強者的利益」與「強權即公理」論調。

柏氏答：正義的人心安理得，不正義的人痛苦不安。不正義的獲利，雖一時有所得，卻終身不得安寧，因心有虧欠。

其二，反駁葛烈康(Glaucom)的「正義是公認的習俗，非客觀法則。」要防止不正義事之發生，須大家共同保證，成立契約（政府），歷久成俗。柏氏解：用剩餘法(Method of Recidues)證明正義是普遍真理，有絕對價值。即排除一切不相干因素，孤立此一因素，證明此一因素的性質和意義，亦即把國家的應有德性一一列舉，是「智慧、勇敢、節制與正義」。前三者是特定功能，獨正義是普遍功能，是任何人的共同屬性。

小結：理想的共和國保有智慧、勇敢、節制、正義四種德性。但若淪落到民主體制(Democracy)，必造成貧富兩極化，社會不公，官吏和人民共同腐敗，國家和社會將永無寧日，因那四種德性盪然不存！

011 申論柏拉圖的政治家(Politicus 或 The Statesman)。

㈠柏拉圖「政治家」約著於 360 B. C.時 69 歲。原共和國主張哲王不受法律約束，此則亦崇尚法治。

但此時的君王（即政治家）仍操原始無限的最高權力，勞心而不勞力，立法而不在行政。故君之道，智識尤貴。政治家猶導

航舵師，治病醫生，不能受制於呆板的法律。彼謂立法者當然立法律之上，只在不得已時崇尚法治。可見此時柏氏尚徘徊在人治或法治之間，仍算人治。

(二)二個標準，分六個良惡政體：

①主權者人數 ＼ ②守法與否	守　法	不守法
一　人	君主政體(Royalty)	暴君政體(Tyranny)
少數人	貴族政體(Aristocracy)	寡頭政體(Aligarchy)
多數人	立憲的民主政體(Constitutional democracy)	極端的民主政體(Extreme democracy)

上述三種守法政體是次於哲人政治的良政體，一人政體守法最佳，不守法者壞：少數政體居好壞中間；多數人政體守法也最壞，但不守法中算最好。

故柏拉圖「政治家」思想，似中國的法家，吾國法家思想中的君王，亦立於法律之上，不受法治約束。

012　申論柏拉圖的法律論(Laws)思想。

(一)柏拉圖「法律論」約著於360 B. C. 思想已有大的轉變

①人治改重法治，法治本是希臘傳統思想。

②由貴族政體，轉而崇尚混合政體。

③以節制和自治為法律之源，即承認「公正」難得。

④治國、護國階級准有私產與家庭。

⑤被治者有選舉治者之職責，民治原則已相當承認。

⑥教育目標不完全在智識了，亦兼宗教信仰。

⑦三級社會改成 2 級（自由公民與非自由公民）。

⑧更崇和平，輕抑戰爭；國家發展在內不在外。

總之，法律篇所述是次於 Ropublic 之政體，其國 5040 人。或曰共和國是指雅典化的斯巴達；法律篇指斯巴達化的雅典。

㈡法律之形成：

知行合一而受公益之人，無須法律。但一般人必賴法律之約束和防範，法律與生活同，初為習慣，後漸成文。而市府風尚歧異，政府應受法律支配。

人性的趨樂怕苦，立法者也須顧及。法律實行則在「上行下效」。國家的形成也因各家族習慣歧異，接觸而有出入，乃須立法或訂契約。

㈢共產的修正，人等四級。

「私有」而「公用」為次優制度，即全國不動產（土地、房屋）平均分每一國民一份，半在城心，半在邊疆。社會賦予，非自然權利。

土地所產三區分：公民、奴隸、工商外僑各得一份。

縮短貧富，按財產一到四倍區分四級。（理想國按知識分三級）。

公民不參加經濟生產活動，不得有金銀或借貸取利。

外僑從事工商，奴隸耕田。其分工理想則如昔。

㈣法治國的政府組織：

基於平等觀念，分絕對平等（抽籤）、比例平等（選舉）組成之：

①護法官(Guardian of Law)：公民中選出 37 人，須 50-70 歲之人，職責是調查人民財產，超額沒入成為公產。

②行政會議(Administrative Council)：從公民中由選舉，再抽籤，產生 360 人。組織會議，決定國家政策。

③公民大會(General sembly of the Citizens)，選舉各種行政官及法庭推事。

④夜間會議(Nocturnal Council)，60 人，負責修訂法令。似又恢復共和國精神，設有監察官 50-75 人，有生殺權；又設太上賢哲院，以為最高權力機構。

小結：法律論之不同於前，半因年老與經驗，半因三赴 Sicily 而無成的反省。

㈢亞里斯多德(Aristotle, 384-322)B. C.

著倫理學(Ethics)、政治學(Politics)、雅典憲法(The Athenian Constitution)、形而上學（Metaphysics 可譯純粹哲學、宇宙哲學、抽象論、空論等）。父為馬其頓王 philip 之御醫，後為王子亞歷山大老師，因亞歷山大入侵希臘，雅典極力抗戰，Aristotle 被迫它去。主張由中產階級建立立憲攻體。

柏、亞二氏思想不同點：

亞里斯多德	柏拉圖
第一個實在主義。	第一個唯心主義。
重實務，腳踏實地。	重理想，騰身雲端。
研究方法：歸納，蒐集憲法158種。	研究方法：演繹。
較遷就守舊，故辯護奴隸制度。	抱持己見，絕對答案，武斷之弊。
個人主義成份多。	個人主義成份少。

　　二氏有相同點：國家為道德機體，政治目的在優美生活，智識是美德之母，重國家教育，尚中庸節制，市府國家為背景。

013　Aristotle 的倫理學(Ethics)思想。

哲學（科學）分類 {純理哲學：分本原哲學、數學、物理學。 應用哲學：分政治、經濟、倫理。} 邏輯是工具。

㈠人（倫理）必經由國家（政治），才能趨向完美：

　　人不能離群獨居而自造良善品格，必於國家之內求之。倫理對象是人的品格，政治（市府國家）則為製造此品格者。「使人為善之方法，由自然、習慣、教養均恐不及。……人之情感似不服從道理，而服從強力。……美德之培養，必使童年始在優美的法律下生活。成年才有實行之習慣，人屈於力量與畏罰者多，動於道理與好德者少。」

㈡快樂、良善、美德。

①良善定義：「一切科學、行為、事物之目的所在。」但人生目的似在快樂。政治學旨在實現快樂人群，良善的快樂生活，精神物質皆有。但倫學學末篇認快樂是思索性活動(speculative activity)，是冥想形態(The form of contemplation)，其認心靈、思想為最高快樂，殆受柏拉圖唯心之影響。

②快樂、良善、美德不同：美德是良善，而快樂為最高良善。均努力結果。根據理智所得，矯正不理智的本能衝動，以達理性。這是合乎道義的美德，是謂最高美德。

③倫理與中庸 ⎰勇敢為中庸，過為魯莽，不及怯懦。⎱ 混合政體
　　　　　　 ⎱謙恭為中庸，過為羞懼，不及無恥。⎰ 同此原則。

㈢公正是人際關係而生的美德：

公正與不公正有二意，是否服從法律與是否分所應得二者。「法」非均公正，但公正應為一切法律之標準：服從法律，即得公正。

公正可分 ⎰普遍公正：用於任何時間和任何對象。
　　　　 ⎱個別公正：又分「分配的」(distributive)、「糾正的」(corrective)。

最高理想，在有智慧完全和行為盡善的立法家，參考歷史、現狀，訂立自然公正的法律，並有執行此項法律的權威。

014　申述亞里斯多德政治思想並評論之。

㈠家庭－村落－國家：

家庭包括夫妻及所養之奴隸。村落則為滿足較大之需要，由許多家庭組成，兩者均是社會。國家是最高最大之社會。

論發現程序：家庭→村落→國家。

論目的：先國家。國家非家族之擴大，餘兩者都是國家發展的過程。「國家之繼續存在，在使人的生活良善。」

國家誕生，「當許多村落聯結而組成一個社會，其土地與生活之完備已達自給自足而能獨立的程度，即誕生了。」

國家性質，「國家為自然之作品，人之本於自然而為政治動物。」

國家主權應在諸民，而行使之權則在德智兼備的少數人或一人。

㈡政體

①準兩個標準，分六種政體：

①掌最高權力的人數	②政治目的	
	公共福利	統治者私利
一　人	君主政體(Royalty)	暴君政體(Tyranny)
少數人	貴族政體(Aristocracy)	寡頭或財閥政體(Oligarchy)
多數人	立憲民主政體(Polity)	貧民或暴民政體(Domocracy)

此與柏拉圖略同。「政治若以公共福利為目的，則合正義。為純正的政體。……政體的意義與政府構造相同。純正政體腐化下去，淪於只顧私利的三種政體。」

②再用另二個標準區分政體：

其一，立國原則：即自由(liberty)、財富(wealth)、道德(virtue)、出生(birth)。重自由為貧民政體，重道德為君主或貴族政體，重財富是財閥政體，重出生門第是世襲君主，自由兼財富為民主。其二，國家機關組織：三者不可少，討論機關（公民大會）、執行、司法，抽籤選出是貧民政體，財富為準則財閥政體，選舉則是立憲民主政體。

③亞氏認立憲民主政體最優的理由：

其一，多數人見識總比一人高明，個別觀察雖庸人，視一團體則賢。

其二，多數人比之一人，不易腐化，個人易受情感左右犯錯，團體不會。

其三，政治根據法律，人有情欲，法律是脫掉情慾的理智。實行立憲民主政體的條件，在中產階級。（015 論之）

④立法家與政體：不能僅知理想的最優政體，也要知道某一環境下何種政體最優；了解次優政體，知道建設、保存各優良政體。保存方法，有法治、官職任期短且嚴謹無貪污機會，任何一級權勿過大，中庸主義，教育配合政體精神。

㈢理想中的國家：

反對其師統一性(unity)太多，與共產共妻制，蓋自然法已有紛歧原則，愛己與自私亦為人性，欲反背人性，法律無此能力。乃主張「私有公用」。國家應由中產階級統治，才不會發生革命。

國家之偉大在和平，給人民和平安定的生活，不在戰爭。若不得已必須戰爭時，戰爭應以和平為目的。

小結：亞氏囿於當時政治與社會環境，某些理論並不客觀，他的正義論述不合正義：

①希臘人是世界上最優越之民族，明顯的是種族主義者，歧視其他民族，是民族自大狂。

②奴隸制度應該且必要，此不合人道與公正原則。身為思想家，為何認為有人天生是奴隸？

③城市國家最理想、最自然的政治組織，未必。

④國家內分治國者、農人、工商，只有治國者是「公民」有參政權，也同其師柏氏之不合理。

015　申論亞里斯多德的中產階級統治論（中庸之道）

(一)實行立憲民主政體，須由中產階級產生：

以財產論，國家內有富人、窮人、中產三個階級。立憲民主政體，自由民要能統治別人，又肯服從別人統治。

①富人：常流於驕，驕則不肯服從別人統治。且體力、門第、財產均佔最大優勢者，行為常不能遵從理智。此因自幼在家過慣驕奢淫逸生活，入學校便不服校規，不服從、不理智、秉政必專權。

②窮人：常流於賤，賤則不能統治別人。且體力、門第、財產均占劣勢，則因賤而淪為無賴。而官職無俸祿亦無能力心願就位。窮人不知統治，每被富人統治，狀如奴隸，乃對立嫉惡。凡此，不能治國，且有害國家安定。

③中產：沒有富人、窮人的問題。

中產階級無陷害別階級之必要，亦不怕別的階級陷害他。

他們生活安定，國家由他們組織最佳。若不能，則中產階級人數上比貧富總人數多，或比任一方多，也不錯。且中產階級可居中維持均勢，調和貧富兩階級的鬥爭與信任感。

世上若有健全政體，即此。立法者重視之，國家必安定鞏固。

(二)從革命導因看中產階級之必須：

比例平等(proportional equality)：按貴賤富貧，各守其分，各得其宜。

絕對平等(Absolute equality)：因看到各人有一點相同，便主張事事平等。

①窮人：貧民政體者，認為人有某些點平等，即一切平等，人都有自由，故人人也須平等。此絕對平等。

②富人：財閥政體者，財產一點出眾，即要求任何權利都高人一等。各人財產多寡不同，絕對不可能平等。硬主張比例平等。

　　兩者均有部份公道，但由絕對公道觀之，都有誤謬。雙方以己為公道，政體又不適於雙方主張，革命乃生。

　　不論求平等與不平等，爭的都是利益和榮譽。而所謂「利益、榮譽」，也是一己之私的看法。

㈢預防革命的方法：

①政治制度上：統治階級不宜壟斷一切官職，凡無最高統治權關系者，鼓勵被統治階級擔任。如民主國鼓勵富人擔任，貴族國鼓勵平民擔任。官職不宜太長，人人有機會。並以無俸祿為佳。

②社會制度上：增加中產階級人數，使成社會平衡的槓杆。對任何自由民不給過多榮譽。立法防止金錢與徒黨介入權利。

③教育制度上：用該國政體精神教育人民，如貴族政體教人道德，民主政體教人守法。

　　小結：亞氏時代，因社會問題不能解決，已分裂成極富與極貧兩階級，相互敵視鬥爭。

　　　　　富豪勝利，發生財閥政體；窮人勝利發生貧民政體。兩者均是最壞政體。

　　　　　亞氏希望建立以中產階級為多數，為中心，並能執政的民主攻體，以牽制貧富兩極，維持社會定定。

㈣希臘末期的政治思想

亞里斯多德死於 322 B. C.，以後貧富懸殊日益嚴重，戰亂不定，「人生如朝露」。反覆革命，先部份亡於馬其頓，至 146 B. C.希臘全部淪於羅馬？此亂世有兩種政治思想為代表：Epicureans 與 Stoics。

016　申論希臘末期伊壁鳩魯學派(Epicurean School)政治思想。

㈠是富人的快樂主義：

伊派始創人是雅典人伊壁鳩魯(Epicurus, 341-270 B. C.)，生在薩摩斯島(Samos)（位於愛琴海上，另一希臘哲學家畢達哥拉斯也生於此。），約 307 B. C.在雅典講學至死。其思想稱快樂主義，但指理智的精神快樂，非情慾的肉體快樂，使富豪的快樂受到理智的節制。雖稱快樂主義，伊氏與門徒乃過著清苦的團體生活。

㈡快樂是善，是人生唯一目的，苦痛是惡：

照伊氏說，此即人性，任何動物都有趨樂避苦的本能。快樂有利自己，痛苦有害自己，故善惡分界完全以自己利害為標準；善良是因有利自己，故為良善；邪惡因其有害自己，故為邪惡。

精神上的快樂大於肉體上的快樂，精神的苦痛亦大於肉體苦痛。我們應用理智來節制肉體快樂，不可因肉體快樂而使精神憂愁。

㈢從個人利益衡量國家存在價值：

個人為要保障自己利益，而後才組織國家。所以國家本身沒有價值，國家價值在能否使人得利快樂，凡國家能防止個人利益遭受侵犯，法律能保障個人利益，都有存在價值，否則不必服從，亦可反抗。

由此出發，則不問本國、外國、專制、民主，只要能保障個利益，無妨受其統治。可見國家觀念已日漸消失。

伊氏又謂，為求快樂，應不參與政治煩惱，而明哲保身。此與柏拉圖、亞里斯多德已完全不同，隱遁思想亦顯見希臘人漸失民族自信心。

㈣伊派門徒邁向墮落，追求肉體快樂：

此派原指理智快樂，但精神快樂須有肉體快樂為基礎，肉體快樂又須有經濟為基礎。甚受上層階級歡迎，加上門徒的變相提倡，遂教人及時行樂。此時豪富已失政治權力，但尚有錢足供揮霍。只要不沒收財產，臣服征服者過其歡樂餘生也無妨。

小結：這派頗似我國戰國楊朱思想，徹底快樂和利己。

> 列子第七篇楊朱：「人之生也奚為哉？奚樂哉？為美厚爾，為聲色爾。」
>
> 「恣耳之所欲聽，恣目的所欲視，恣鼻之所欲向，恣口之所欲言，恣體之所欲安，恣意之所欲行。」
>
> 「人人不損一毫，人人不利天下，天下治矣。」
>
> 證之古今中外歷史，大概亂世末代思想皆如此，民族自信心、民族精神瓦解了，國家也就亡了。古希臘如是，吾國滿清如是。

017　申論希臘末期的斯多噶學派(Stoics School)政治思想

㈠輕財富，視德性是人生最大善行，窮人的安慰：

創始人芝諾(zero)，342~270 B. C.腓尼基人(Phoenicia)，生於塞普魯斯（Cyrpus，註：地中海一島，1960 年獨立成共和國）。

他常在雅典的斯多噶（Stoa）講學，故稱之。此派鄙視快樂，贊揚德性，視德性為人生最大善行，輕財富地位，使貧民得到精神上的安慰。此派思想對後世影響最大是自然法、人類平等、世界主義。

㈡宇宙間的普遍法則－自然法(Natural law)：

自然法觀念如何生出？來自商品供需調整後，賣主和買主都要遵循的市場價格，當時的人認為是一種必然現象，即自然法則。

市場之上即然有自然法則規制物價，宇宙間必然也有自然法則規制萬物。此自然法觀念之發生也。

人類理性便是自然法則，不分國別主奴，都有同一理性，故人類應平等。應糾合全人類，組織大同社會，人人享有平等權利。此受貧民歡迎。

㈢個人道德與國家、政治：

芝諾以道德生活為人生目的，此和柏拉圖、亞里斯多德同，但柏、亞 2 氏要用國家之力完成之，芝諾則用個人之力完成之。此個人主義和國家主義不同點。

彼雖輕視國家，但不贊同伊派隱遁生活，認買者應盡可能參

與政治活動，促使政府保護人類理性生活，此派亦促貧民參加政治活動，避免或脫離經濟上的弱者與政治上受壓迫。

㈣世界主義及人類平等思想與經濟有關：

城市國家鄉土觀念甚強，故只有國家觀念及種族偏見。後經濟區逐漸擴大，種族交往多，相互了解，而人類平等及世界主義流行。

恰好此時代亞歷山大帝征服各國，建立世界帝國。一切種族都視為市國子民，平等的權利和義務才有，人類平等與世界主義思想於焉孳生蔓長。故羅馬最流行的還是斯多噶學派。其貨幣、度量、交通統一達數百年。

　　小結：雖為亂世思想，貢獻也大。反對快樂，以道德生活為
　　　　　人生目的，此似我國墨家思想。世界主義則似孔孟的
　　　　　世界大同與大一統思想。
　　　　　此派另有一重要思想家愛匹克迪泰斯(Epictetus，約
　　　　　50-120 A. D.)

018　希臘對政治思想的貢獻

㈠正面貢獻，重大者乃在自由、民主的理想：

①堅持每個城市獨立自主，不受外來控制：

如奧林匹克運動是一種崇向自由的競賽，波斯入侵，也遭受希臘抵抗，此由雅典領導。他們的合唱隊高唱：「任何人不能做希臘人的主人。」

②重視思想自由和表現自由：

哲學上，政治上的批評態度與言論，均予容忍。希臘人的學術與精神生活甚是自由，不受教條和迷信、外界等控制，此與東方帝國完全相反。此自由、民主思想即今天的西方精神，貢獻極大。

③個人自由的尊重是不朽的：

他們認為專制、寡頭政治是最壞的，因其偵探與特務干涉到太多個人生活。亞里斯多德強調：智能要發展到最高，個人自由的尊重是必須的。伊派更重視個人慾望的滿足。雖重視國家思想，但不犧牲個人。

而服從法律是基於個人的自然需要，要完成自己，故需國家；並非為國家，要犧牲個人。

(二)思想家對後世貢獻很大：

①詭辯派：重視個人意見及自由。

② Socrates，普遍真理、道德生活、知識即道德。

③ Plato，倡哲人政治，貶暴政。普遍正義是政治最高標準，法律。

④ Aristotle，實證政治，倡立憲民主政體，中產階級統治。

⑤ Epicurus 的個人主義。

⑥ Stoics 的自然法、人類平等、世界主義。

⑦ Epictetus 的自然法、自由觀念、容忍、世界主義。

(三)負面影響：

①個人與國家的和諧，權力與自由關係，其間的衝突，尚未建立起完整的體系。

②主權思想尚未建立：

中古自今，政治思想在討論主權的正當性和合法性，及如何
行使主權。而希臘人的國家觀念並不基於主權與人民關係，
而是個人與社區關係。

③自由的實際政治運用並不成功：

人人對公共事務都有發言權，乃過度自我主義，干涉別人；
真正的哲人卓見均被淹沒；平等過頭，傑出之士也隨「平頭
不等」成了平庸。

Socrates 即被眾人平庸的「輿論」處死。

而其自由、平等也止於少數人，不含多數的奴隸。

小結：現代社會大多同意下列自由思想：

　　　①每個公民都有充份發展的權利和機會。

　　　②每個公民都有參政權的權利和機會。

二、羅　馬

019　申論羅馬政治思想之特質及政制背景。

㈠政治思想之特質：

在政治思想之貢獻上，不在成之著作或形式理論；而在生活
習慣、具體制度。如人類平等、世界一統、治權在民、法律應合
自然、政體貴在混合等近代觀念，在羅馬人的生活與法律已有。
就思想言，皆自希臘而來，並將政治思想與哲學加以簡化應用到
實際政治。建立其政治制度和法律體系。

政治思想上一大重點是制訂法(Positive law)，即政府採積極

行為，作意思表示，以明訂的規則，規範人民生活與行動。人為
法優於自然法，成立法優於習慣法。使政治與倫理，國家與社
會、自然人與法人均有明顯劃分。

主權國家成為法的制定者。

(二)政制背景言之，羅馬史可分三大時期：

①第一時期，君主時期(753-500 B. C.)

西元前753（我國周平王18年）綸繆拉斯王(Rex Romulus)征
服四鄰，建立羅馬國，城市國家成立，為王政政體，有三種機
關：

第一，元老院(Sonatus)，由貴族(Patricians)組織之；

第二，貴族會議(Comitia C'uriata)，一般貴族組織之；

第三，國王(Rex)，貴族會議選之，終身職。

此時平民(Plebeians)以下均無參政權，到第六代國王塞維爾搭
力紐(Servius Tullius)廢除上面機關，另組全民會議(Comitia centu-
riata)貴族、平民都參加。

②第二時期，共和時期（約500-31 B.C.）

前509年廢除王政，實行貴族共和。此初期全民會議仍在，
每年推選兩位執政官(Consuls)，代替君主。但政權仍在元老院，
平民幾欲革命，才設有護民官、監察官、民政官、國民會議等。

此期之末統－希臘、埃及，並設行省。

凱撒(Caesar)是羅馬共和最後一個領袖，於西元前44年被刺
殺死。

③第三時期，帝政時期(31 B. C.~476 A. D.)：

凱撒被刺後，使羅馬復歸統一的是奧克搭菲烏絲(Gaius Octavius)，後被尊為奧古斯土斯(Augustus)，即「帝」之意。自西元前31年起在位40年，史家認為他是「羅馬帝國」起始。由他開始有五個朝代：

第一朝代 Julian Dynasty，就是奧古斯土斯，他後有三個皇帝。

第二朝代夫拉費朝代(Flavian Dynasty)，後有三個皇帝。

第三朝代安通寧(Antorin Dynasty)，帝國興盛，A. D. 96-180年。

第四朝代塞貴里安(Severian Dynasty)，所有自由民均升為公民。

第五朝代伊利里安(Illyrian Dynasty)。

小結：共和政治之脫離，帝國之形成，是疆土擴張與權力集中之結果。在第五朝代，284年 A. D.帝奧克賴西昂尼斯(Diocletionus)大帝在位，把帝國分東西兩部：

西羅馬：仍以羅馬為都，因匈奴西遷壓迫日耳曼，日耳曼壓迫羅馬，西元476亡。

東羅馬：繼續到1453年，為土耳其人所滅。實則已非帝國了，希臘人一小王國也。

羅馬之亡都因絕對權力下的腐敗，人民痛恨國家，日耳曼蠻族乘機而入，建立許多國家。

020　申論羅馬波里比阿(Polybius)政治思想

波氏(204~122B. C.)，希臘人，素來反對羅馬。居羅馬為質其

間(167~151 B. C.)發現羅馬政治制度之優良而加以頌揚與解釋，此為第一人。其政治思想多取自柏拉圖與亞里斯多德，最得名有三：政體循環論、混合政體、抵制平衡。著羅馬史。

㈠政體循理論

①政治社會起源：「假定因洪水、瘟疾……殘餘滋長，人類又倍增。」及後家族、社會關係日深、本能發展而有良善與公正諸觀念。

↓

②最有力的領袖能培植良善、公正觀念。餘眾自然由對暴力之恐懼，轉而對功利之折服。→君主政體。

↓

③暴君政體：有權的人濫用權威，飽暖淫欲。有急公好義領袖協力驅逐暴君，受人民推戴→貴族政體。

↓

④寡頭政體：貴族後人取位，即無經驗，又不知自由平等為何，僅玩權力。人民不能忍，而貴族、君主都不可靠，靠自身。→民治政體。

↓

⑤久之，自由平等法律人民又忘了，富者爭權，民眾腐化，政治受暴力金錢污染。→暴民政治。人民思治，又回到→獨裁專制。

如派氏言，騷亂的會議、暗殺、排斥(tumultuous assemblies、massacres、banishments)，土地再分割(readivisions of land)，文明喪失，再發現一個領袖，但是個專制暴君(despot)。

㈡混合政體：

「最優政體乃在混合三種政體。理論與事業均足以為證……若指執政官言似專制之君主，若指元老院論則為貴族的，若指人民之權力則顯為民治」。可惜氏之所見之世，人民機關已成形式，大權集中元老院了。

㈢抵制平衡：

執政官不得元老院通過，軍隊無給養；未得人民通過，不能媾和締約。

元老院言，也不能離民眾而獨立，死刑執行須人民批準。

人民言，也不能漠視元老院，建築合同、稅收由元老院掌握。

「三部份各握有相助相害之權力，乃成一個能應付一切危機的最佳攻體。……有外患迫使團結，太平則安享優適生活，且羅馬憲法有糾正流弊，預杜隱患之力量……三者相牽連，一部有野心勢受兩者牽制，必能阻止不良趨向，維持局勢平衡。」

021 申論羅馬西賽祿(Marcus Tullius Cicero)政治思想

西氏(106~43 B. C.)，生義大利，十六歲到羅馬求學。是羅馬共和之末，帝政初期的文人政治家，中產階級領袖。63 年 B. C. 曾為執政官，後被政敵暗殺而亡。其政治思想均模傲柏拉圖之共和國，政治家法律論，而著共和國論、官吏論、法律論。

㈠國家論是修改亞里斯多德而成：

似亞氏的自然說。國家猶之社會，起於自然，形成漸進，

（似由家庭逐步發展而成），其價值高出一切：

Then the home is the germ of the city, and ,so to speak, the nursery of the state。

人以天性結合，國家以公正為本質，無公正不成國家。

國家目的二氏略同，亞氏在完成人類道德生活，西氏為良善。

(二)政體論則承 polybius：

分君主、貴族、民主三種，各有優缺。敗壞則淪於專制、寡頭、暴民，故他視優良之政體是三種良政體之混合政體，使君主、貴族、人民各有權力，相互制衡；故可使君主政體不成專制，貴族政體不集朋結黨，民主政體不會騷亂。

西氏認混合政體的羅馬制度最優。但氏曾用非憲方法平亂，致被人民放逐(58 B. C.)。

政體循環彼亦接受，主要他發現一種政體不能存在太久，久之則亦生壞。

(三)彼最有價值思想是倣斯多噶學派的自然法：

①法律論是發揮自然法的第一本書，「依照自然而生活，則一切盡善盡美。」

所謂「公正」：非即功利，且非基於公利，亦非一部份人之利，乃自然之原則。

所謂國家、社會、政府，其形成、組成、運作不能違背自然，且均有自然為其本源。

所謂法律，亦非個人意志或智慧所能規定，更非統治者之意志，必以自然為依據。

故自然法就是亙古不變的原則，實即上帝之命令；人類制法，只是自然法之表現與應用。

②依自然法，人類盡屬平等。此固勝過亞里斯多德，但對奴隸制度未加否認，其自解為一部份人類缺乏自治能力。

自然法：是最高天理，在成文法制定與國家形成之前，已存在，有普遍性，永恆性。

人為法：以自然法為依據，一切人為法要適合自然法，否則非法。違反自然之法，雖立法，亦不能存在太久，因不被人民所接受。

022 申論羅馬的法律思想

㈠羅馬早期：

羅馬法是羅馬人最偉大貢獻。其在西元前第五世紀以前只有習慣法，法官有很大裁量權，法官又多貴族任之，不利平民。

前 450 年編訂十二銅表法(Laws of twelve Tables)是貴族、平民妥協而有。該法之有不足，則法官的判例(praetor's precedents)、平情判決、立法補充三者使羅馬法大量抒伸。

㈡前 300-200 年法學家之爭論：

①第一派蓋雅斯(Gaius)：主張二分說，分法律為萬民法及市民法，萬民法是發生於自然理性(Natural reason)，所以萬民法就是自然法。結論是承認奴隸制度及私有財產為合理。

②第二派烏爾皮安(Ulpian)：主三分法說，分法律為自然法、萬民法、市民法三種。自然法是世界上最高的普遍法則，法律的最高標準，按此，則人類平等，現有不平等的私有財產制

和奴隸皆違反自然。

萬民法只是多數種族的共同習慣，尚未具有普遍性，未達自然法標準。

市民法，是特定地區的法律，針對特定地區和對象而制法。此派較佔上風。

㈢ 150 B. C.-150 A. D.變化最大。

羅馬法在此 300 年間，由狹小、剛性、局部性，發展成廣博、柔性、普遍。市民法(Jus civile)，又稱國民法，行於羅馬本土。

萬民法(Jus gontium)行於屬地、外僑、同盟國，是近代國際法的前身。羅馬法之偉大，在其沒有地域和宗教的牽涉不清，又經歷史揉合可不限一民族之用。

㈣查士丁尼(Code of Justinian)法典的基本觀點：

是羅馬法已完成的代表，已成科學化有系統的法學制體。其與政治哲學有關之根本觀念有：

①法律以公正為淵源，公正乃人人各得其分。

②公正本於自然，非基於功利。

③立法機關儘可不同，最後根據在人民。

④就性質言法律分公法和私法，形式言分成文不成文，關係言分對人、物、行為。

⑤私法之本源分：自然法、萬民法、市民法。

小結：Institutes of Justinian:

　　　　Justice is the set and constant purpose which gives to every man his due, Jurisprudence is the knowledge of things divine and human, the science of the just and unjust.

此實西洋法治成功之推源，其能行民主也是當然。今西方之民主政治的法律思想，受羅馬影響很大。

三、中古世紀

若自五至十五世紀算，為 1000 年；九至十三世紀可稱「純粹中古」。中古特性是：

「……Where philosophy touches religion; where reason meets superstition; where theology links itsely with political theory。」

㈠中古之形成：教會與封建

023　申論耶穌與新約中的政治思想

㈠舊約：

代表紀元前九個世紀中，希伯來人關於歷史、宗教方面著作之薈萃。其可歌可泣，遭受磨難愈多，對上帝「救主」降臨之期待愈切。由希伯來以色列獨有的上帝，轉化為全人類共同的上帝。

舊約雖以宗教為主，實包含倫理、經濟、法律、政治……等。是嘆息社會橫暴之流行，受壓迫者之不平之鳴，對當權派之攻擊。其預言家分二派：

①少數派，如 Nahum、Obadiah 代表城市文明，擴大亞摩利人
(Amorites)固有法制，維持統治階級。

②多數派，如以賽亞(Isaiah)、阿摩司(Amos)要回復遊牧生活，
保持以色列生活習慣。凡此可視社會中階級之抗爭理論。
所謂「上帝」，是公正、自然法之人格化。

㈡耶穌政治思想(0-30 A. D.)：

重視精神世界：「我的國不屬這世界。」（新約，約翰福
音，18:36）。

政教分離：「該撒的物當歸給該撒，上帝的物當歸給上
帝。」（使徒行傳）

博愛同仁，輕賤財富：「你們貧窮的人有福了，因為上帝的
國是你們的；……有財錢的人進上帝的國，比駱駝穿針難，」
（馬可、路加福音）

㈢新約（約成於紀元後 100 年間）：

①同意政府的存在並有除奸助義的目的：有權柄的，人人當服
從他，掌權是來自上帝。……當納糧就納糧，當給稅就給
稅，當懼怕他，當恭敬他。此意味當政者禍國殃民，將受上
帝最後裁決。塵世短暫，庸又何傷。

②人類平等，「不分猶太人，希利尼人，為主的，為奴的，在
耶穌裡都是平等。」但主張奴隸對主人應絕對服從，好像聽
從耶穌一樣。
其支持奴隸制度，認塵世短暫，無甚關係。

③類似共產。聖保羅：「若人不肯工作，就不可吃飯。」類似

共產神存在教會中，但非普遍原則。大約自然法觀念中，斯多葛流行於上層社會，基督流行下層社會。二者殊途同歸，而成中古大一統之理想。

024　申論聖奧古斯丁(St. Augustine)政治思想

氏(354~430 A. D.)在非洲的喜坡作主教，是一至七世紀間使耶穌思想成系統主義，而表現在「有形教會」最重要的主教。

著神都(The city of God)、懺悔錄(Confessons)等書，而神都被譽為五世紀中的百科詞典－或第一本歷史哲學，或謂神聖羅帝國在實現此書中之理想。

(一) Augustine 寫神都之用意：

原羅馬人棄己神而信基督教的上帝，守舊派當然反對。到西元410年又有阿拉列(Alaric)率軍屠殺羅馬城，反對者以為天意。首十卷論羅馬人之罪孽深重遭刧，乃舊日神靈之無用。末12卷論「神都」、「地都」之原起和前途。

地都：起於愛己而憎上帝，從爭錢財人們求光榮。其君主侈權力，崇野心。無真智者。

天都：起於愛上帝憎一己，虔求上帝。君民相助，有真信上帝之仁者。

神都中無生死。但所指恐非來世之天堂，而是如柏拉圖的理想國家，為努力之正鵠。後世則認為是塵世教會而已。

㈡ St. Augustine 的國家觀念，平等與公正：

「國無公正，將與盜匪何異。」所謂公正，必在信奉基督教之上帝。但國家與教會關係則未明示。上帝造人本平等自由，政府之存在是補救人類原始的罪惡，故政府為上帝而設，治權也有神聖色彩。君王權威之神聖，在權威性質，不在君王本身。

奴隸制度之起，在原始罪惡。「墮落者陷入奴隸羈絏，實為公正。」

「人之墮落」(The fall of man)充斥中古思想界。

㈢附帶兩位重要教父的雙元主權論：

①安布洛茲(St. Ambrose of Milan, 340~397)

「關於信仰問題，乃由主教評批皇帝，非由皇帝評判主教。」

「皇宮屬於皇帝，教堂屬於教士。」

「舉凡神聖事物不受皇帝統治。」

②大格列高里(Gregory the Great, 590~604)

「國家之和平，唯教會之和平是賴。」反抗君主，即背叛上帝。均使日後君權神授有其端。

025　申論日耳曼（條頓）民族與封建制度：

㈠日耳曼人宰割羅馬帝國疆土，以五世紀時為最：如

429 年，汪達人(Vandals)蹂躪非洲。

433~475 年，Bergundians 人之在高盧（Gaul：今義大利北、法、比、荷等）。

462~472 年，Westgoths 人在西班牙。

但日、羅兩民族到八世紀時已完成同化，而日耳曼雖曰蠻族，其個性發達，好勇重義，亦如孟德斯鳩稱其荒野森林生活有助以後英憲。政治自由之形成，及個人主義暗合基督教義。凡此，與羅馬文化接觸熔合而成封建組織，實為中古特色。故稱中古時代為封建時代。

㈡封建起因：

①羅馬統一與秩序之理想，與條頓式個性與分立調和而成。

②紛亂之中古時代，祇能求局部苟安，無有力政府足以統一全局。

③教會之封建成份亦濃。

㈢封建社會以莊園制度和基爾特制度為特徵：

①農業的莊園制度（Manorial System），其社會階級是：

  1. 國王(King)。

  2. 領主(Lord)，是莊園所有者與統治者，領主分兩種。

    甲・受封的公爵(duke)、候爵(marquise)、伯爵(count)、男爵(baron)。

    乙・教會的主教。

  3. 騎士階級(Knight)，出身自由農民，可能昇成小領主。

  4. 農奴，領主的農民，其地位已比古代奴隸為高。

②都市經濟以基爾特(Guild)為骨幹。是都市商業形成後，各行業所各自組成，可稱同業公會。其會員由各業師傅(Master)組成，其下有職工(journeyman)及學徒(Apprentice)兩階級。各自有法庭、軍隊，勢力大者可競選市長、議員，反抗國權，政治色彩濃厚。

㈣中古之分裂割據：

大凡理想最盛之時，亦即此事實最乏之時。如耶穌高唱博愛之日即社會中最無博愛時；盧梭揭自由平等，即人權最受蹂躪之際。中古最缺統一，而統一理想甚為深刻。

福爾泰譏神聖羅馬帝國－不神聖，又非羅馬，更非帝國。可謂於 800 年 Charles the Great 加冕開始，而於 962 年 otto 加冕完成。一方面顯示帝國餘緒尚足影響人心，冀望恢復一統；再者顯示人們受分裂之痛而盼統一。可惜民族仇視（日耳曼與義大利），政教紛爭，國君諸侯衝突，使統一無望。

㈡中古之浸盛：教政相爭

026　教政相爭之鳥瞰

㈠政教相爭的性質（原因）：

純粹中古主義完全以基督教為中心，嚴格的中古政治思想以數百年政教相爭為主體。吾人當注意：

①就當時言，祗為一個統一社會中兩項官職孰低孰高之爭，並非對立的兩個社會或團體。與中古一統觀念無衝突。

②漸漸而有衝突：教皇機雷雪阿斯致皇帝 Anastatius I (491-518) 的信中言：

「治理現世有兩大系統，一為教士之神權，一為人主之君權。在『最後判決』中，君王亦須由教士代向天主負責，故教士權力較重。」

「為上帝效命者不應為塵俗務之牽陷，而羈迷於塵俗事務者不應指揮神聖事務。」

㈡教會、教皇與帝國抗爭能力的提昇：

①因其組織嚴密，且教義適合各類人士，而教皇之形成使足與帝國爭勝。蓋教會本無教皇，羅馬主教之有特殊地位乃因：

　1. 身處都城，與帝國關係密切。

　2. 羅馬為文化中心，萬方景仰。

　3. 君士但丁遷都後，羅馬主教實握政教兩權。

　4. 有功社會（如教皇 Leo the Great 阻止匈奴入寇）。

　5. 有人才，比皇帝多。

②Leo the Great(440~461)足當第一任教皇。但理論上有「彼得論」，謂耶穌授予彼得管一切門徒之權，羅馬教皇即彼得繼承者。

③教會權力甚大：

　如 咒 詛(An'athema)、除 籍(Excommunication)、禁 止(Interdict)、廢位(Depostion)。此使亨利第四親到堪諾撒(Canosa)立雪三日，以求教皇之復籍。

㈢從現代觀點批判教權高於政權所依據之理論：

①從聖經中斷章取義。

②不當比擬，如日與月，靈魂與身軀，喻教與政之上下。

③迷信：如謂起死回生，君王不能，故權遜於教皇。

④鑑引史證：如謂君士坦丁曾以政教全權交讓給羅馬主教，而查理曼皇位乃由教皇完成。（Leo, III, 795-816）

⑤教會法盛行後，從法律觀點謂教會法高出一切。

㈣教政相爭與重要思想家：

①第一幕：尼古拉與羅退耳（九世紀）。

②第二幕：格列高里七世和亨利四世（十一世紀）。

③伯爾拿、約翰及格累細安（十二世紀）。

④第三幕：般諾森三世和英法君主（十三世紀）。

⑤阿奎那托瑪斯（十三世紀）。

⑥第四幕：逢尼非斯八世和法王腓力第四－約翰與杜布亞皮耳（十四世紀）。

⑦丹第（十三～十四世紀）。

⑧第五幕：約翰廿二世和留伊斯四世－馬栖略和奧坎（十四世紀）。

027　敘述西元九世紀尼古拉與羅退耳的教政相爭（第一幕）

㈠教政相爭本甚混亂，為鈞元提要，分五幕。此第一幕主角：

教皇尼古拉一世(Nicholas I，858~869)。

國君羅退耳(Lothaire，king of Lorraine，855~869)。

㈡劇情：

國君與皇后(Tetburga)離婚問題。羅雖有乃兄路易皇帝為武力後盾，但終是聽命教皇娶回廢后。

㈢擁護教皇之理論：

①兩個理論者：亞哥伯(Agobard、Bishop of Lyons，779~840)；

興克馬(Hincmar，Archbishop of Rheims，806~882)。

②興氏堅持機雷羅阿斯一世的雙權說，承認君位的神聖性，人民應服從。

「君王為一凡人，與任何凡人無異。」若暴君則為一罪犯，須受教士統治。真君不能違法，君而犯法須受法律羈束。

原則上「人君乃君王，君王只受判於上帝之法令，其餘則無效力。」這只用於賢君則可。

但「人主而為姦淫、兇殺、暴戾之事……將由教士審判，依照國家法及教會法治罪，教士乃上帝之代表。」

028　敘述第十一世紀格列高里七世與享利四世的教政相爭（第二幕）

㈠主角：

教皇格列高里七世（即 Hildebrand，1073~1085 年為教皇）。

德君享利四世(1056~1106)。

㈡劇情：享利為授任(Investiture)問題而爭。

①教皇：深信欲革除教會中行賄得官之弊，必先取消人君授任之權。故於 1075 年宣告：教會中任何官職不得授命於政權。

②德君：那肯大權旁落（其境內尚有主教係君王之封臣），堅決否認，且慫恿教士宣告教皇為非法當選，理應讓位。並致函教皇如村婦對罵，促其下台。

③結局：教皇革除德君教籍，其意義為德人已無服從之義務。因而判亂四起，君位動搖，反抗之封臣宣言若一年內不能恢復教藉，即不再奉為君王。享利被迫到堪諾撒(Canosa)立雪

三日，始得教皇復籍之令。然 1080 年又起衝突，直到 1122
年的協約(Concordat of worms)才解決。

㈢教會、教皇所持理論：

①教皇視之，「只有羅馬主教有權廢黜皇帝或任用主教。」
「教皇之命令無人能令取消，惟教皇能取消任何人之命
令。」
「羅馬教會從未有誤，永不有誤。」「教皇有權宣告庶民不
對暴君效忠。教皇對人主有精神上的統治權(dispensing)，而
非 legislative 的治權。

② 盧忒巴(Manegold of Lutterbach 或作 Lautenbach，約
1080-1085)：
君王與暴君根本有別，君王之尊嚴不在其人而在其職。君權
來自契約，人民為求自保與不受橫暴，乃抬一人為君。
人主破壞此項契約，人民即無順從之義務。惟教皇有權判別
人主是暴君或君王。此為教皇解釋而已。

㈣為享利四世辯白之理論：

①主教如 Theoderic of Verdun 等人，謂君權自有其神聖性質，
政權「授任」亦有根據，教皇勸人民不服國君是非法。

② Tractatus Edoracenses〈著者不詳〉之中：
主教與君王同為上帝之信託人，主教代表耶穌「凡人的」部
份，君王代表「神聖的」部份。且教皇地位之優越，非耶穌
所賦，是皇帝所賦予。君王能集召教會之議會，亦能同教士
之折扣世人之罪，故政權高於教權。
君王是教會的元首。

小結：正反兩派都激烈，不過為己事辯白而已。與十六世紀的耶穌會派(Jesuits)心理略同，依吾人觀之，不過是權力鬥爭，放不下一些利益。

029　敘述十二世紀伯爾拿、約翰、格累細安三位思想家的政治思想。

㈠伯爾拿(St. Bernard of clairvaux，1091~1153)：

貴族出身，改進寺院生活之名教士，斡旋時局的政治家。承認教權高於政權，但反對教皇干預政事及過於俗務。

「為人折免罪孽，與為人分析遺產。此兩權孰有價值，孰尊？孰賤？物質事務，乃塵世君主之管理，汝（教皇）胡為侵入他人境域？刈割他人田禾？」「人主乃教士之助理，凡神聖職務中有不屑為教士執行者，由人主行之。此論與當時教會傳統觀念亦無異。

㈡索爾茲巴立(John of Salisbury 1115~1180)：

奧古斯丁著神都，為基督教與教會辯護，而John著政治家書祇求誇張：教皇機雷雪阿斯一世持分工的雙權主義，John持一權說。君王之權來自上帝賦予，君王為教士之隸僕。「一切法律非以神命法為本者全部無效，人主之一切命令非根據教會意旨統歸無效。」

人民可不服從暴君，並加誅戮，此與盧忒巴之契約觀念同意。又和我國孟子思想相近，幾乎在說人民有權革命。

一元的國家觀：教士為靈魂，人主是頭腦；元老院為心，官吏為耳目；軍隊為手臂，財政機關為腸胃，農工為足。此亦代表

社會一元教高於政。

㈢格累細安(Gratian)

教會法(Corpus Juris Canonici)是羅馬法的化身。教會法自九世紀以來逐漸形成,其在為教皇誇張權威的法律依據,格氏實使之系統成文之第一人。

彼法律觀屬二分法：自然法（神命法）與人為法。

人為法是一切習慣法所形成,不論成文與否。

私產、奴隸並非依自然法,乃由人性墮落而起。

君王法令則在教會法之下。

030　敘述十三世紀間殷諾森三世與英法君主的政教相爭（第三幕）

㈠主角：

教皇殷諾森三世（Innocent III,1198~1126 在位）。

法王大腓力(Philip Augustus)。

英王約翰

㈡據情（及對塵俗政務之干涉）：

①強令法王自認其離婚無效,恢復舊后（Ingeborg,1201 年）。

②強使英王認自己是教皇之封臣（1213 年）。

③敕諭各國君王協力取諦並沒收邪教徒之財產（1198 年）。

④禁止各地反猶太人運動（1199 年）。

⑤封波希米亞(Bohemia)之公爵為君王（1204 年）。

⑥促成戰爭再起（The Albingensian Crusade,1208 年）。

⑦調停國際紛爭並廢黜皇帝（1198 年,1204 年）。

㈢殷諾森的思想：

「上帝在天空設置兩大光明，大者治晝，小者治夜。致於一統教會中設兩大尊榮，大者治吳魂，小者治軀殼，即教皇與人主。正如月光來自日，故其質、量、位、力、皆較日為遜，是人主勢力自教皇而來。」

「日中則昃，月滿則虧」，教皇與教會登峰造極就在此時，正如日中天，其衰也此時。用政治語言：絕對權力，絕對腐化。

031 申論十三世紀阿奎那托馬斯(St. Thomas Aquinas)的政治思想

托馬斯（1227年～1274年），最能代表十三世紀之精神，調和奧古斯丁和亞里斯多德的「啟示」和「道理」而成。意大利人，貴族後裔，十七歲時不顧家人反對，毅然加入僧院。其生為博士，死而稱聖。思想以神學為本，哲學為副。著人君之治道。

㈠政治思想上最大貢獻：

①拋棄教父武斷，不視國家起於亞當之墮落；而在恢復亞里斯多德，重揭國家起於自然，自始已存在。人可無君無國，但非有聯合不可，非有政治聯合不可。人之所以是政治動物，因有四大美德：公正、智慧、節制、勇敢。

②暴君可去。基督徒亦必服從人主，但暴君並非人主。民眾對之不必儘忠，暴君可去，但由公眾機關或公權力行之。

③私產和奴隸並不牴觸自然法，而是依據自然不平等，戰爭結果，人類墮落等因素形成。

㈡法律與公正：法律有四類：

①永久法：上帝之超人道理，用以統治整個宇宙。

②自然法：永久法之一部份，用於理性動物。

③神命法：自然法之增益。

④人為法：人類依自然法道理，實行於實際狀況中，又分萬民法、國民法。

法之目的都是公正，法者，「乃道理之命令，求共同福利，由擔負社會之維護責任者頒布之。」

其精妙在併「意志」和「道理」。此亦希臘哲學家與教會神學派之融合。

㈢治權與政體，政教關係：

抽象言之，政治權威來自上帝；具體言之，個別統治者與權威取得及運行似得自民眾。其同亞里斯多德視君主立憲政體最優，已含主權在民與民選之意。

政教關係上，人主應受民意束縛，再受教會約束。

「為使精神事務和塵俗分開，前者應受教士－彼得承僕人－耶穌代理，羅馬主教掌握。信奉基督教的人民、一切君王，均應服從教皇，如服從基督自己一樣。」

032　敘述十四世紀逢尼非斯八世與法王腓力第四的教政相爭（第四幕）

㈠主角：

教皇逢尼非斯八世(Boniface VIII, 1294~1303)。

法王腓力第四(Philip the Fair, 1285~1314)。

思想家巴黎之約翰(John Quidort of Paris)及杜步亞皮耳(Pierre du Bois)

此為中古最激烈之政教相爭，亦教衰政盛之關鍵。

㈡劇情：

①爭題：國家能否向教士收稅，或須先得教士同意。

英法君王未得教皇同意，徵收教士捐稅。教皇乃發一教詔(Clericis Laicos, 1296)，禁止教士向任何政權繳納任何名目的稅。法王堅決反抗。

②結局：

法王下令禁止金錢、珠寶、食料、軍需等物出口（實即禁止送教皇之貢金），教皇讓步。但1301年裂痕又起，教皇頒發教記(Unam Sunctum)，法王於1303年慫恿法國教士宣告教皇有邪說謬行之罪孽，教皇正欲革除法王，便遭法王兵士囚繫，不久去逝。

教皇逢尼非斯八世竟比220年前德君享利四世立雪三日更慘顯見教權衰落了。

㈢教皇所持理論：

「惟一的天主教之外，無救世亦無贖罪之可能……。精神的刀與物質的刀均歸教會使用；前者假手於教士，後者假手於君王與騎士，但必在教士的命下。……精神權力比塵世權力更尊貴，且塵世權力受精神權力裁判。而精神權力只受上帝裁判……。

結論：任何人必服從羅馬主教而後可以得救。」

㈣腓力的抗辯已比往昔進步：

不光依襲聖經與教父，另闢新路，表示歷史和法律之精神。在致教皇信中曰：世間尚無教士之日已有法王存在，且早有立法全權。法人已獨立，無受治之義務。

政權之範圍，教皇不得過問。

㈤支持法王的兩個理論家：

①巴黎的約翰(John Quidart of paris)：

1. 教皇無政權。
2. 王權遠自上帝，近自人民，國家目的除塵俗事務之目的外，尚有美德、精神。
3. 反對統一帝國理想，權不能一人獨攬，且法蘭克人從未受帝國宰治過。
4. 教皇不職盡，君王可以警告，可以糾正教皇缺失，必要時用武力革除。
5. 教皇非即教會，教會之權在總議院(General Council)。且只限宗教事務內。
6. 人民參政之君主立憲為最優良政體，教會應以此種體制為模範。
7. 教會財產屬教會團體，教皇不過管理員，而此財產法治權則在君主。

②杜步亞皮耳(Pierre du Bois)：

是法王律師，輕空論，重事實。有先 Niccolo Maohiavelli (1469~1526)的實在主義精神。

教皇多年老不足語軍政機要，最好由當時最有實力的法王統

一歐洲，收復聖地。蓋「法蘭西民族凡事詳慮，主張正道，判斷力較任何民族高。」其研究外國語言，發揮女子教育，倡國際調節等均有宏論。

033　申論十四世紀義大利丹第(Dante Alighiere)政治思想

㈠思想淵源：

氏(1265~1321)生於義大利政局鼎沸之年，身經Florence的黨派斗爭。冀望該民族統一復興的民族主義者。

又目睹名存實亡的神聖羅馬帝國受教會與無數君國之侵凌蠶食，也希望帝國死恢復燃，一統天下，掃蕩割劇，實現理想中的和平安寧。總之，他不僅是一位反教宗黨(Guelf Guelph)的皇帝黨員(Ghibelline)，而是上接奧古斯丁的神都，以當時「基督教世界」為對象而求其和一。

㈡世界帝國及其主權：

①國家：近自人性，遠自上帝為起源。其目的在求人類之快樂：得到和平，享受自由，實現公正。

②世界帝國：欲得普遍之和平、自由與公正，必須有普遍之君政－世界帝國。

「君國與君國之間必有爭戰，欲廢止戰爭及其原因，則全世界及全人類之所有應歸一個君國，即全世界應歸為一個政府，由一人主統治。此人主不復有任何欲望……。」

③主權：此世界帝國並非專制政體，其法律本於上帝，君權得諸人民。

「人民非為君王而為在，君王乃為人民而存在。……以言治權，君王乃人民之主宰；言職務，君王為人民僕役；尤以人主乃一切人類之僕役。」

㈢教政關係及理想：

各有範圍。政權務應獨立，不容教會干涉，蓋人主之權來自上帝而非教會。但不知不覺已成義大利民族主義第一人。

而帝國理想，在世界各君國之上，設一統籌機關。康德的永久和平計畫與第一次世界大戰後的國際聯盟均似同其意。

034 敘述十四世紀教皇約翰廿二世與留依斯四世的政教相爭（第五幕）

㈠主角：

教皇約翰廿二世(1316~1334)。

巴伐利亞(Bavaria)之留依斯(Lewis)。

馬栖略(Marsiglio de Mayoardino of Padua, 1270~1340)。

奧坎(William of Ockham[Occam, Ockam], 1280~1437)。

㈡劇情：

巴伐利亞之留依斯與奧大利之腓特烈因皇帝選票爭持不下。教皇召二人往，意曲直之判。留拒命不去，後又將留革除教籍。

結局：留得馬栖略、奧坎等助，教皇終被廢黜。

（說明：自教皇逢尼非斯八世受辱後，教皇遷至法之 Avignon，受法王控制。世稱此期為：Babylonish Captivity，1305~1376 年）。

(三) Marsiglio 的政治思想：

①法律觀源自亞里斯多德：

國家源起於自然，職務是和平，組成由家庭村落。人民分工農兵商僧官六種成份，由立法者劃分，由統治者管理，可見教會是國家的一部份，任何政權的統治必須服從法律。「立法者，法之源始的，正當的，有力的，因原乃係公民全體或人民，或重要優越部份。」

其立法權在人民全體或其代表，立法權高於行政權，人民重於政府，國家在政府之上。此均有主權在民之意義了。

②教權思想：

1. 教會是信徒全體，任何教士不能以一人自命為教會。

2. 教皇亦主教之一，雖有尊榮，亦無絕對主權。

3. 教會最高權威在總議院，革除、任命等均由此決之。

4. 教會無絲毫強制權力。

教會與君國組織同而性質異，教會只有命判權力，君國才有法治權力。

(四)擁護留依斯的另兩個思想家：

①英儒奧坎：

是馬栖略的朋友，唯名論者。

教皇貴在服務不在爭權：更不能剝奪任何人－皇帝到平民－的權利自由或財產。不信教尚有斯權，信了教反受教皇剝奪，豈不吃虧。

教會最高權力機關是為總議院－其屬性是代議機關，由信徒代表間接選出。

近代的代議政治理想，早已於此時發生。

②德人琉波特主教：

坦承其「愛護德意志祖國之熱誠」，反對教皇干預政事。

所謂「帝政轉移」僅是教皇利奧三世(Leo III)於 800 年時的空洞各號。日耳曼人既征服法蘭克人，則為當然的合法繼承者，皇帝之選舉由有權的君王為之。

小結：此時為教皇辯解者當然有，均抄襲舊說。

總歸言之，十四世紀是教政相爭最烈之時，如第四幕的教皇逢尼非斯八世與法王腓力第四。就思想上也是政權轉守為攻，如約翰與杜步亞皮亞，而馬栖略的主權在民，奧坎的教會代表是代議政治之理想。此後政教相爭已告終止。

(三)中古之末葉

奧坎死後的 150 年(1350~1500)是中古思想結束與改革再生的新陳代謝時代。思想趨向四端：

(一)教皇地位動搖，民族教會替代世界教會。

(二)「民族君國」(National Monarohy)形成，英、法、西為代表。封建失勢，城市興起。

(三)「單一社會」起變化：強盛君國不服從帝國統治，即義大利小城市亦儼然獨立，形成無數君國教會與無數君王之爭。

(四)憲政運動流行，起於社會，擴至國家。

此四者如環無端，彼此影響。大分裂(The Great Schism，

1378)的議院運動為概括。此時期有巴托羅‧威克里夫為代表。

035　申論中古末葉義大利之巴托羅政治思想

㈠從法律觀點承認事實存在的帝國、君國、城市團體：

巴托羅(Bartolo Bonacursi da Sassoferrato，1314~1457)。

其貢獻在融合當時雜亂的羅馬法、教會法、封建法、習慣法等，使成系統，並承認存在的事實。是著名的「後期註疏家」(Postglossator)。按事實上，選舉的皇帝高於世襲的君王，而國家之君王在其國內也是一位皇帝。城市、君國(regnum)、帝國(Impo-rium)都是一種團體(corporation)，都可稱為共和國家(respublica)，均可自行立法，視同國家。Woolf 的研究曰：He has now recognized that where whether de jure of de facto, there in an independent political baby, that body must be recognized as sovereign。

㈡暴君與國家政體：

從法律觀點，暴君兩類：

①攘位篡竊之暴君：有名份，人民依法對付。

②禍國殃民之暴君：本無地位，人人可誅。

政體無絕對優劣，小國宜民治，大國宜君主，中者宜貴族。

市府間爭戰暗含國際法，市府法之上有帝國法，人為法之上有自然法與神命法。日後真提利(Gentilis)與格老秀斯承自巴氏者頗多。

㈢為政黨覓正當根據的第一人：

「樹立政黨，是否合法？」

「假設市府中果有一政黨，有益於公眾福利，使境內和平治

理；又假設為制抑反對派，非有一政黨不可，則是合法的。」

小結：西洋政黨觀念之合法若自此起，則有 500 多年了，約
我國明朝前葉。

036 申論中古末葉英國之威克里夫政治思想

(一) John Wycliffe，1320~1384 年，思想背景：

①英法百年戰爭(1327~1453)，增進民族意識，謂英王不臣屬皇
帝。

②黑死病流行(Bluck Death)，動搖傳統信仰。

③英政府與教皇起衝突，自 1333 年起停付教皇歲輸。

④教會發生大分裂。

(二)此位牛津大學教授之理論重點集中於主管(Domi-num，Lordship)說：

①最高者「神靈主管」：

即上帝對一切人物主管，無所不及且直接。人乃與上帝有直
接關係，勿須教士居間介紹。此種論述已超越中古，足以引
動改革。

②次者「自然主管」：

人類為主管的服務關係，最下者又有「政治主管」，是人類
墮落後的現象。其下尚有，惟正道者可為主管。

威氏認定一切主管必得上帝之恩准。「無論自然的或政治
的，皆由上帝所賦予。」

㈢教會、財產與政權：

每個正道的人主管一切，罪孽者喪失一切。至少，主有財產便有義務，而教會絕對不能有財權，更不能用「除籍」為手段來徵稅。

政體方面傾向君主，不論政治權或教士權威，必得上帝之恩准，此有「君權神授」和「限制君權」的雙重含義。

晚年則政教關係激烈而鮮明。在政治上國君高於一切，教皇無政權。教會中有弊端，君主得用強力糾正。

小結：威氏言論影響，1381 年農民叛抗；羅勒咨派(Lollard)
　　　運動，即 Whclif 教派。所謂 Lollardism 就是 Wyclif 主
　　　義。他是英國宗教改革者，聖經最初英譯者。
　　　但威氏思想仍有盲點，其謂一切主管必得上帝之恩
　　　准，如何恩准？並未說明；又主張教皇無政權，君主
　　　權力大大高於教皇。如此，君權從何而來？

037　中古末葉教會中議院運動及其政治意義。

㈠教會大分裂(The Great Schism)

1376 年教皇列格高里十一世回至羅馬，次年死。義大利人烏爾班六世（Urban VI, 1378-89 年）當選為教皇，支持者德、波、匈、葡、英及大部份義大利。

法蘭西之紅衣主教(Cardinals)及離開羅馬，另選克立門七世(Clemont VII, 1378-89)為「對立教皇」，支持者法、西、德、蘇格蘭、意等。

此次為教會中首次出現兩位教皇，開始 40 年（1378-1414
年）的大分裂。

㈡大分裂引起的議院運動（解決辦法）：

巴黎大學應法王之命，研究終止分裂之途徑，以召集總議院
較可行，計有三次議院。

① 1409 年比薩議院(Council of pisa)：

稱足代表「全教會」，結果只產生三位教皇，原來爭位的兩
個對立教皇未到會，受革除而不奉命，此次議會將胡司焚
死，而波希米亞族國運動未因此全亡。

② 1417~1418 年君士坦丁議院(Council of Constance)：

恢復教會一統，定馬丁五世(1417-1431)為教皇，自稱教會中
最高權威，General council… represents the Catholic church
militant and has its authority directly from Christ; and everybody
of whatever rank or dignity including also the Pope, is bound to
obey this council。

並規定總議院每十年召集一次，然分裂難癒合。

③ 1431~1443 年巴塞爾議院(Council of Basel)：聚而不散，較為
重要。

1449 年後為教會反動，教皇權勢又形同恢復。

㈢議院運動的政治意義：

①有革命性，以總議院之廢立、集合，如英之清教徒革命，法
大革命先後比擬。

②其憲治民治原則，以代議為制度，以限制教皇為目的，類以
近代立憲運動。

③有族國主義與聯治主義之思想。

④已爆發主權在民之說。

⑤民治、憲治，代議諸觀念，不久用於國家。

小結：君士坦丁議院領袖最爾孫（John Gerson, 1363-1429
年）承認總議院權高教皇，但為臨時之計。無論教會
或國家，以立憲君主而助以貴族最佳。

巴塞爾議院代表庫薩納(Nicolaus Cusauns)：社會為有機物，
精神與物質和諧相關。人本自由，治權及法律端賴人之同意，立
法應由議院，統治者不過受託，教會與國家均如是，此即近代的
憲法精神。但教會的議院運動是中世憲政主義的頂峰，最爾孫等
人的保守主義證明是無用的，依賴喀爾文、盧梭的革命主義才行。

The Conciliar movement is the culmination of medieval consti-
tutionalism⋯ where the conservative idealism of a Gerson or a Halifax
has proved useless, recourse must he had to the revolutionary idealism
of Calvin or Roussean.

四、再生與改革時代

038 申論中古之後的再生與改革特質

㈠再生與改革意義：

①再生：發源於義大利，乃掃除學院派之陳腐，而恢復古希臘
與羅馬之人文思想。

②改革：發軔於德意志，為推翻宗教、教會之種種積弊，光復

原始教會的簡樸精神生活。

就其影響而論，可謂開闢一個新時代。如：

①個性自由的偶然發現，成普遍原則，至文學、政治、藝術……均受影響。

②主權觀念之形成與流行，教會隸屬於國家。

③打破世界教會之理想，民族教會興起。

④新教、舊教而起「君權神授」或「臣可弒君」之論辯。

(二)支配再生與改革思想之背景：

①帝國之早已有名無實。

②教皇牽入政治漩渦而不能自拔，教會之墮落腐化。

③民族意識之醞釀，如丹第、佩脫拉克 petrarch、綽塞 chaucer。

④君主國家成立（經玫瑰戰爭 1455~1485 年，百年戰爭 1337~1453 年）。

⑤資本主義興起。

⑥就地理之發現及宇宙觀之變更。

⑦傳播思想工作之進步。如印刷發明，德人 Gytenberg, 1450 年。William Carton, 1474 年把印刷術傳入英國。

(三)再生改革時代的重要內容：

①馬克維里（Niccolo Machiavelli, 1469~1526 年）為絕佳代表。

②馬丁路德、喀爾文直接促成民族教會，間接促成民族國家。

③英王、哲姆斯一世（James I, 1566-1625 年），君權神授論代表。

④法之布丹，荷之格老秀斯（Hego Grotius, 1585-1645 年）主權

論代表。

⑤謨耳、哈林頓均超現實的理想主義。

小結：此一再生與改革時代，已跨15、16、17三世紀的二百
多年，其間也有反動，但此種反動似為歷史「怪現
象」之一。最後潮流總要沖到近代的民主。

(一)馬克維里（Niccolo Machvavelli, 1469~1526 年）

039 申論馬克維里的動機、目的、精神與方法。

(一)最基本點在馨香禱祝義大利之統一與強盛：

當時，英、法、西諸國已鞏固，惟意大利尚有共和國、王國
等十五個。成它國逐鹿之戰場，受強鄰侵略。丹第與佩脫拉克早
望統一而未實現，故馬氏君王論疾呼：

「目前是意大利出現救主的千載良機，萬萬不能錯過。受外
夷蹂躪之省區將如何熱愛其救主，堅決效忠。

它對此抱「事在人為」及「人定勝天」之誠摯希望，並視歷
史為上帝之計劃。主要著作是：君王論、佛羅倫斯史。

(二)以佛羅倫斯(Florence)為根據地：

內欲統一紛亂之諸候，總有一根據地，即 Florence，為新君
自固之處。「所擬種種方策，細心遵行，能使一位新君比久居其
位者更穩而安定，其治術所以霸道，乃為亂世新君設想。」，彼

崇拜暴君 Cesar Borgia，理由在此。

㈢重可實行之治術：

其研究者在可行之治術，非高讀闊論之政治學，但亂世治術之背後也有政治學之原理。

㈣一位實際的政治家：

彼身經戰役，躬與政治，出使四方，內政外交軍事均有經驗。

The two abvious weaknesses of Italy in Machiavelli's day were, indeed, political disunion and suilitary in capacity.

　　小結：馬氏的手段雖至今有人誤解，學說爭議也大，但其創
　　　　　造及重要性則莫敢否認。
　　　　　君王論曰：「予著述之目的為供給虛心求知者的實際
　　　　　運用…。任何人欲在亂世中，尚想依其理想上的全美
　　　　　全善標準，終必自取滅亡。」
　　　　　書後曰：「凡欲建立豐功偉業之人君，必須學成一位
　　　　　奸滑的騙子。」
　　　　　此基於社會觀察與歷史研究而得之心性論（下題詳
　　　　　細）。

040　申論馬克維里(Machiavelli)的思想內容

㈠霍布斯的「害怕」，馬克斯的「物質權勢」：獅與
　狐。

①為政治家必須認識：「使人害怕與使人親愛何者較佳？必取

其一則使人害怕為佳。一般而言，人皆忘恩、反覆、虛偽、怯儒、貪婪，能共榮華，不能共患難，……人們對觸犯所親愛者，較之觸犯所害怕者，顧忘較少……人主若不得百姓親愛，當避免其嫉。……惟對百姓之財產、婦女，能秋毫無犯，即可。」

「對於他人財產最不應染指，蓋人們易忘其父之屈死，而難忘其私產之喪失。」這是對人性很直接的解剖。

②獅與狐：

此亦駕馭蠢愚民眾之良藥。人君應效法獅與狐！蓋獨為獅則不能禦陷井，獨為狐則不足禦強狼。人君為狐可發現陷井，為獅可以驚嚇群狼。

(二)對反對勢力只有「善意撫慰」與「完全屠滅」二途：

此種手腕固有不同，目的則一，使新君安定而國家鞏固也。

蓋人們受輕挫尚能報仇，重傷則無能為力，須使其無復仇之機會。正是所謂「斬草不除根，春風吹又生。」

「初得國家，應善加計劃必要之殺罰，斷然行之，不可久拖。使殺罰早停有助安定人心與結納，且殺罰時間短則懼駭較少。」

而恩澤施給「宜逐漸，如美味在口，歷久愈彰。」

對付政亂，則用暗殺，可以為模範。其斗爭之毒辣可見。

(三)得民心之重要及其方法：

①黨派之爭，應加利用：不宜模棱兩可，自騎牆危。「明白宣佈其態度，贊成某黨，反對某黨，則無論其為敵為友，能得一般人之敬仰。」

②貴族與人民爭抗，要站在民眾方面：

「受貴族擁戴之君，權位維持較難。……蓋貴族中有自命不凡者，不易駕馭；反之，由人民擁戴之君，則超出一切，莫與抗衡。其一也。

其二，滿足貴族難，且不夠光明；滿足人民易，且較正大。

其三，人民眾大，若不得擁戴，斷不能立足；貴族少，有不滿尚可維持。

③得民心方法，避免醜德惡，一切為國為民：

「人君一言一語務須慎重，合於美德。尤在耳聞共見之前，須惻隱、守信、人道、公正與虔誠……至於實情如何！少數人知而已，其敢公然反抗乎。」但要完美，實人性不許可，故「若干醜德，為維持權威與保存國家，則不必顧忌，此『形似惡德』惟力行才能固鞏與繁榮。」

甚至，可以上下其手，玩弄令名，將一切醜德惡行歸罪於大臣。凡此一切作為，為己？為人？為公？為私？馬氏堅決「全為國家」；「當國家安全已到生死關頭，不必問公正與否，殘暴仁慈否，應摒除一切行之，維持國家安全與自由。」為國家生存，人君可不顧一切仁義道德。

㈣武備與宗教：

「有精良的武備，始有優美之法律。」國民當兵無妨自由，羅馬、斯巴達、瑞士可為明證。人君須精熟戰略，國家必須對外擴張。

宗教無異是國家之精神武備，事神信教使國家偉大，褻神瀆教使國家破滅。宗教為政治之助手，完全受國家指揮，此與盧梭

民約論中之宗教觀似同。且「武重於文」，軍官較哲儒必需。

㈤政體循環而重民治：

君王論似崇君主政體，書後及佛羅倫斯史又示民治可取。「民意即天意」，建國宜君主，守國宜民治。

深信波里比亞的政體循環論，政制變更由秩序→紛亂→秩序；發達完成不能再上進，開始下降→不能再降，則升。富強貧弱亦同。和平召致怠惰，怠惰召致紛亂，紛亂召致滅亡；再週而復始。

041　試論 Machiavelli 政治思想之影響與評估。

㈠從政治斗爭舞台看實無足驚怪：

馬氏思想 400 年來備受誤解，近來唾罵較少而同情較多，但總覺裸赤可怕。就性質言，為一時一地之言，為反中古，為反映意大利事況。

且教會言政教之爭本質上也是政治鬥爭，君士坦丁議院也曾背信無義處死胡同。

其不過將歷史觀察普遍化，系統化。

就現代科學觀點當然是錯，但以今斷古也失公正。

㈡動機：

身處群雄逐鹿之亂世－十六世紀，其希望一位軍事、外交有長之新君，完成統一局面，急切欲速，故不擇手段。

譏其為迎合人君而做君王論，實為淺膚之批評。他雖公言權謀，但權詐有時窮，治權詐者即是權，馬氏明白道破：

A prince wishing to keep his state is very often forced to do evil。

…yet it cannot he called talent to slay fellow-citigens, to deceive friends, to be without faith, without merey, without religion; such methods may gain empire, hut not glory。（君王論，十九章）

如何選擇在使用「工具」的人，不能怪發明刀子的人不仁慈。故其言也公正。

㈢影響：

就思想內容言，似過份重視，如此人此言古今皆有，俾斯麥克，喀富爾便是。

無君王論一書亦必如是。

就思想方法言，除孟德斯鳩、柏克、薩焚宜等外，往往離開實況，咬嚼名詞，未見馬氏有何遠大影響

研究東西方比較政治思想者，每將我國法家韓非子思想與馬氏比較，認為他們都說中了政治鬥爭的實況，但不能做普遍性解釋，是故，法家思想在我國並非主流。

㈡改革與反政革

042　申論宗教政革之前驅（背景）如何？

㈠改革背景：

教會腐敗在大分裂及議院運動已顯見，但教皇恢復地位後仍自攬權干政，聚歛求財。如：

①教會官職約 2000 餘，均有定價出售。

②教會司法如姦淫暗殺等罪，都可用金錢轉移。

③贖罪券之流形使宗教精神掃地。

④禮儀太重形式。

㈡禮儀過重形式，迷信太深入人心也是改革背景：

There appeared to be enough of the wood of the true cross, Said Erasmus, to make a ship; there were exhibited five skin-bones of the ass on which Christ rode, whole battle of the Virgins' milk, and several complete bite of skin saved from the cincumcision of Jesus.

㈢前驅改革者：

十四世紀的奧坎、威克里夫、胡司評擊教會之黑暗：

薄伽邱（Boccaccio, 1313-1375 年）揭破「君士坦丁之賜予」為偽造，力罵教皇之罪惡；Desiderius Erasmus 力倡改造。凡此均提倡改革而先路德發軔。

㈣改革之真意：

馬克維里哲學在後世尚罕有其儔，況在當代。蓋到十六世紀之政論仍以基督教為中心，所不同已走上族國教會與政高於教情形。

在開闢改革之路，路德與馬氏可謂殊途同歸。而改革仍有一定界限：

A return to nature which was mot a rebellion to God, an appeal to season which was left room for loyal allegiance to the Bible and to Christ.

此時期的改革代表有路德、喀爾文、諾克斯。

反改革代表有：柏拉民、部社、蘇亞勒士，均於後論之。

043 申論馬丁路德（Martin Luther, 1483-1546 年）政治思想

㈠路德改革之星火：

氏 1505 年拂家人之意入寺院為僧，五年後到羅馬，只見「金玉其外，敗絮其中」。任威丁堡大學神學教授時，已宣傳「信仰」為一切教義之本。

1517 年 10 月 31 日因憤於忒策爾(John Tetzel)兜售贖卷之事，遂寫贖罪券論文九十五條，釘在威丁堡教堂門上。痛詆教會之積病，星火乃燎原。著有：致德意志民族之信教貴族書、論教會之被虜、論信教人之自由、論政權及吾人服從之程度、勸告和平。

㈡教皇對本案之處理與運動之起：

① 教皇利奧十世（1513-1522 年）特准路德在德意志之奧格斯堡辯護。教皇代表 Cajetau 堅令路德認錯，未被接受。

② 1519 年夏，遵重皇帝馬克西米連一世（1493-1519 年）之意，在來比錫(Leipzig)和厄克(Eck)舉行公開辯論，路德稱教皇無特權，總議院亦有誤。

③ 1520 年 6 月教皇下一教詔，申斥路德言論的 41 點謬誤，令焚毀其著作，六十日內悔過自新。彼將教詔付之一炬。

次年皇帝查理曼五世所召集會議判決路德倡邪說，但未通過。但群情激動，先有 1522-1523 年的武士叛變，再有 1524~1525 年的農民之亂，路德主義與運動乃振撼歐洲。

㈢革命性之主張：

路德最富革命性之主張，教徒皆平等，且自己直接上帝，無須教士居間作介。教徒均可自己解釋聖經，無須教皇專獨。即統治須得被統治者同意。「無論教皇，或任何人，決不能強令教徒信從，否則即是暴政。」

其改革方案二十七條如：

第一條：不向羅馬輸送歲貢。

第九條：不行吻足禮。

第十四條：不再有守貞之誓，結婚與否聽便。

㈣路德反抗教皇之經濟動機：

德意志每年輸送羅馬超過三十萬銀幣(guilders)，而只得到輕賤與羞辱及人民日漸貧窮，無可養生，教皇則徒有寶物，權威、法律及自由。其致德意志信教貴族書言：

"Not one farthing goes against the Turks, but all goes into the bottomless sack" "This devilish svate of things is not only an open robbery, deceit, and tyranny of hegates of hell, but also destroys Chistianity, body and soul." 。

小結：路德改革動機，在改進宗教，復興祖國，提倡國貨；而王候則在經濟及政治－收入與權力。

農民之亂，再受洗禮派(Anabaptists)乃受路德運動影響，有共產之暗示，故斯派今人有稱十六世紀的 Bol-sheviki，此派對天主教與新教均反對。也因此派之起，路德轉而守舊。

044　申論喀爾文（John Calvin，1509~1564 年）政治思想

　　歐洲改革運動中，路德主義限於德意志。而思想、影響超過路德者是法蘭西的喀爾文，他形成了國際勢力，對美國影響更大。所著基督教條規(Christianae Religionis Institutio)幾為新教的「神學大全」。

㈠本質上是「絕對專制」和「君權神授」

　　「政府之統治對眾人有用，誠不減於麵包、清水、日光與空氣。其尊嚴性莫能抗頑……更能基督徒不發生褻瀆上帝，污衊真理，違犯宗教。更使公眾安定，財產有保護，誠信滋長，人們有人道。」

　　「世上所有君主、侯王、官吏乃上帝之命定，彼此相離而實相關……上帝設教會為精神政府，比兩組織（指政權與教權）為上帝所建，不容叛抗。兩相連繫，如人之兩眼兩臂。」

㈡絕對服從，反對革命

　　「庶民之服從君王……等於服從上帝本身。」「吾人絕不能反抗官吏，同時不反抗上帝。」

　　萬一碰上暴君呢！「乃上帝派遣所以責罰人民之罪孽。」人主為非，只有上帝制裁，人民只能忍耐和禱告。

　　蓋有君勝無君也！「在一方為暴君暴政。另一方為無政府、無官吏，其禍亂必更盛暴政，此乃必然。」

㈢ Calvin 政治思想中的革命、憲政、民治因素：

①為其意外影響：反抗壓迫，選舉民治：

「It is perhaps one of the minor ironies of history that one whose explicit teaching was almost whotly on the side of established authority should have given a powerful impulse to movements toward freedom and democracy。」

「A system may… tend to produce results radically incontent with the ideas and inspirations of its founder。」

②其兩點但書被教徒應用：

其一，政治制度中不妨設立監督及限制君權之機構：予指不能反抗，是私人而言，若人民本官吏職務，阻止暴政……公開限制君權濫用，並不禁。進而，官吏坐視暴君而不動聲色，則有負上帝受命，是卑鄙無恥，失職之行為。

其二，人民寧可反抗君王而服從上帝：如君王所令而抵觸上帝，則吾人儘可置之不顧。君王之一切法令，權力必須服從上帝，上帝乃萬王之王。「須服從上帝不須服從人，是應當的。」

045 申論十六世紀蘇格蘭改革領袖諾克斯(John knox)政治思想

㈠對「絕對服從人主」之懷疑與轉變：

「對於人主……不可有埋怨……本於天良應絕對服從，惟關於宗教之要義則為例外。」此為 1552 年致教友之言。

五年餘後目擊新教受壓迫，乃大轉變。「目下所流行……不論君王之良惡，吾人應一律服從，蓋此乃上帝之命令。然而君王

之命令既不敬不恭猶謂此乃上帝之命，此非褻瀆神聖而何？」

㈡只服從上帝，人主可以反抗：

主要統治者，屬諸人民全體，且屬諸人民每一份子。觀其與馬利女王對話：

馬利：「你以為人民有權力可以反抗人主嗎？」

諾克斯：「若人主逾越範圍……人民當然可以反抗，即用強力亦好。」

人民與人主應同服從上帝。

㈢反對女人當權：

諾氏痛恨女人當權。婦女為「單薄、脆弱、不能忍耐、無力量、愚笨……反覆、無恆、暴虐，缺乏納言治理之精神。」

「天生最完美之女人，亦只有事奉男人。」

小結：與諾氏同論調者有：

谷德曼(Christoplier Goodman)，著 How superior power aught to be obeyed, 1558。

逢納(John Ponet [或 poynet])著 A short treatise of politic power, 1556。

046　申論十六世紀反改革成功之原因：

㈠到十六世紀下半宗教蔓延成三個範圍：

①路德主義範圍（即新教）：

德意志、斯干地那維亞、挨斯蘭、匈牙利、德蘭斯悲尼亞(Transylvania)。

②喀爾文主義範圍：

　　瑞士、法蘭西、波蘭、荷蘭、蘇格蘭、英吉利。

③天主教堅守陣地：

　　義大利、西班牙、葡萄牙、愛爾蘭。

　　所謂「反改革」，乃天主教對新教改革之反動，其自身也是一種改革。

(二)反改革成功因素：

①一般教徒有潛在復舊之心理，此起於「土耳其人、慧星、魔鬼」之恐懼）(TheTurk, the comet, and the Devil)。

②教皇之發奮整頓。

③為羅耀拉（Ignatiue Loyola; 1493-1556 年。著精神運動）所創之耶穌會（Society of Jesus, 1540 年），重精神、力行、刻苦、慈悲、貞節、服從教皇為美德。使天主教滋補大振。

④特稜特議院(Council of Trent)對教會積弊之改革，並擁護舊教之信條及教皇之地位，注重教士教育等。

⑤新教各派嫉視，使舊教有機中興。

⑥再洗禮派（Anabaptists，此派今人稱十六世紀的 Bolsheviki）。重視和平，輕賤國家與政治，以強制為禍害，故不參戰、不服官、不受命，信仰共產，欲推翻一切現存階級。其仇視天主教，反對新教徒。

　　小結：新時代將來臨，舊勢力必有反撲。美法革命後繼之反動，中國革命後的帝制，今日台灣的亦然，是否歷史定律？

047 試述十六世紀改革運動中，義、法、西的三位反動思想代表：

㈠義大利之柏拉民（Bellarmino, 1542~1621 年）最重要：

①學經歷：

幼入耶穌會學校就讀，1560 年入耶穌會。

1570 年在盧芳大學(Louvain)教授神學。

1576 年受教皇格列高里十三世之命，任羅馬大學神學教授，十二載。

1599 年任主教長，1602 年升為大主教。

②學院派的言論法，新教徒視為理論勁敵，要點：

1. 人應首先服從教會，次及國家。

2. 人應服從君王，但對叛教之邪君無服從之義務。

3. 政體以君主最優，尤教會中勢必如此。

4. 為宗教與精神故，教皇得廢黜君王。

5. 教皇之政治權力非直接，係間接。

著有：辨正、教皇在俗塵事物中之權力、信教君王之職務。

㈡法國之部社（Jean Boucher, 1551~1646 年）：

該國新教派（稱呼格蘭派 Huguenots）與舊教之宗教戰爭前後九次。天主教聯盟(Ligue)即為教皇，也為民族。此派謂教權無限，教權高於政權。部社回答四個問題為「是」。表現在亨利第三之廢黜一文中，分四層：

人民應否廢黜亨利第三？----------------------------- 答「是」。

教會或人民能否合理地廢黜君王？------------------ 答「是」。

亨利第三應受教皇之廢黜否？---------------------- 答「是」。

在正式廢黜前，人民應否合法地武力抵抗？----- 答「是」。

彼謂凡信奉異教之人主，即可作暴君論。可見新舊之間實勢不兩立。

㈢西班牙的蘇亞勒士（Francisco Suarez, 1548-1617年）：

①耶穌會徒，大學教授，著論法並論上帝為立法者，師宗阿奎那，是經院學派之最後健將。

其基本觀念在「人」完全受法律支配－一整個宇宙亦受治於法。

「法者，乃一個公正而永久的箴命，經充分公佈而運用於社團。」神命法、自然法、道德法、政治法均合成一個大系統。

自然法即神命法，乃上帝道理及意志之化合。

②實在法根據於社會：

人天生有社會性，有社會便有治權。主權不在個人，而在社會，在全體人民；但政府產生，有治者與被治者，此種劃分基於同意，且係割讓性質，人民將治權交出就不能收回，君王乃成最高無上。此與委託性質的契約不同，而與日後的霍布斯（Thomas Hobbes, 1588-1679年）則同。

㈢由「反抗君權」到「君權神授」

048 宗教改革之結果及對十九世紀政治自由之影響

就時間言，新教運動→反抗君權派(Monarchomachs)→稍遲有君權神授論(Divine Right of Kings)，後二者亦前者之結果。

㈠為反對而反對，對方都是「可廢可弒」：

①路德改革後，各國新教、舊教相迫害：

The tyrant is usually an apostate or one who differs from his people is religion, where oppresrine acts consist of religious persecution.

②各自辯護，誇張權力，「維護人權」：

拉斯基(Laski)：Each party(catholic or protestant) changed its view with a rapidity that was equalled only try the kaleidoscopic swiftness of events.

斐吉斯(Figgis)：The true religious bodies which have done most to recure the "rights of man" are those two which really cared least about individual liberty, and made the largest inroad upon private life wherever they obtained the supremacy– the Roman Catholic Church and the Presbyterianism.

㈡也是十九世紀政治自由之先制：

彼輩謂攻治自由，乃宗教自由，更是「某一派宗教自由」而

已。但所激發之反抗與自由，已是十九世紀政治自由之先聲。

谷區：Mobern Democray is the child of the Reformation, mot of the Reformers.

斐吉斯(Figgis)：It is not too much to say that political liberty would not mouiaclaye exist anywhere but for the claim to ecclesiastical independence.

服漢(Vaughan)：Once allow the appeal from authority to private judgment in matters of faith, and it is impossible, as the Reformers were soon to discover, to disallow it in mather of government.

小結：此似我國孟子的暴君放伐論，其有三個基本觀點，一是王權神授，二是放伐暴君，三是唯當時的統治階級才有革命權。這又比孟子差了！

就教新言，為與教皇相抗制，必須提高君權，乃唱「君權神授」，及後來族國已成，舊教亦無須反抗「君權神授」之必要。

此後對異教大抵採容忍政策。

049 法蘭西新教呼克蘭「反抗暴君之根據」 一文要點

呼克蘭派在 1572 年 8 月遭屠戮近 20000 人，其痛恨政府，希圖革命乃屬當然，反抗暴君之依據一文影響最大。該文究為 Hubert Languet（1518~1581 年）或 Duplessis-Mornay（1549~1623 年）所作不詳，近信為後者手筆。此論有四大問題：

㈠第一問：君命與上帝相違背是否義必服從？

「上帝之法權無限，君王之法治權有限。」「一切君王皆是萬王之王的封臣。」

「若人君簒上帝之權而自命為上帝，則與常人一樣屬背叛主權。」

總之，人民對暴君只能消極不受命，別無他途。

當然，何謂暴君，誰來評定，如何才是違背上帝，並未提及。

㈡第二問：君王違背上帝，如何反抗才算合法？方式、程度？

「全體人民，一個多頭怪物。」如何能起而反抗。

「吾人所謂全體人民，指人民付託有職權之三機關，如官吏，在君位之下，……且代表人民之總體。……吾人指等級會議言。」即指統治階層才有革命權。

Of this rank there are in every well-governed kingdom, the princes, the officers of the crown, the peers, the greatest and most notabll lords, the deputies of provinces… or the parliament or the diet.

地方議會，官吏亦在此例。

至於為宗教，保衛信徒，雖流血、戰爭，也是公正。

㈢第三問：人君壓迫或破壞國家，應如何反抗？（050詳論）

①君王由來：人為求得絕大利益，接受統治。君王之設即在維持公正，保衛國家及個人。

②上帝－人民－君王之關係：

上帝是最後主權，君王係上帝所命。

人民與君王之間有契約，人民是主動立約的人。故「人民之全體在君王之上。」

③暴君：圖私利、玩弄法律者。暴君政治，是一切禍害之主腦。

④討暴是權利也是義務：若不起而討之，彼輩亦如暴君之流。

總之，人民並未將一切委諸君王一人。

㈣第四問：可否援助鄰國去除暴君？

若坐視而顧，「其罪更大於暴君」。

小結：呼克蘭派的反抗君權論，亦即反抗暴君論。十八世紀流行的契約、同意、革命諸點，在此已先而發揮。

可惜，當未賦予人民有革命權。而統治階層也多是即得利益者，其願或敢起來革命呼！

050　詳論法蘭西新教派「反抗暴君之根據」 －第三問

該文第三問，人君若真壓迫或破壞國家，反抗是否合法？反抗至何種度？且何人、如何、而合法，根據何在？

㈠先論君王之由來：

人本愛自由惡束縛，願出令而不願受命，必為最大利益才肯放棄權益，自願接受統治。「君王之設立，在維持公正，保衛國

家與個人」，提供服務。「上帝握有最後主權，君王亦上帝所命，而上帝以人民好惡為準。」上帝所命，即人民所選。君王雖世襲，也應得人民准可。

No such prescription nor prerarication can justly prejudice the right of the people.

㈡上帝－人民－君王關係：

上帝有最後主權（同上）。

人民與君王間有契約，人民是主動立約者(Stipulator)，有條件地服從；君王是被動的受約者(Stipulatio)，無條件履行保民責任。

「人民之全體處君王之上。」「世間許多處無君王，人民可以生存；但無人民，只有君王，如何想像。」

故君王在法律之下，人民與君王是同胞非奴隸。

㈢暴君與暴君政治：

暴君的定義，「祗圖私人利樂……玩弄法律，虐待人民如野蠻敵人者。」故暴君有兩類：

其一：篡奪僭位之暴君：本無名分，與人民無契約，任何人均可反抗，廢黜。

其二：禍國殃民之暴君：非個別的私人推立，而是全體人民，故個人不能反抗。

暴君政治為一切禍害之主腦，比最惡毒之蠹賊更毒。聲討暴君為權利也是義務，「不把國家救出水深火熱之暴君政治中，彼輩亦如暴君。」

㈣人民並未將一切付君王一人。

正如維護世界教會之責權，並未完全託付教皇一人。該文總結一段為精華：

Princes are chosen by God and established by the people⋯The whole today of the people and officers of the state⋯are the princes, superiors. In the receiving and idaugrration of a prince, there are convenat and contracts passed between him and the people, which are tacit and expresred, natural or civil. The officers of the kingdom are the guardians and protectors of these and contracts He who maliciously or wilfully violates these conditions is questionless a tyrant try practice⋯ Duty binds them (officers) when by no other means it can be effected by force of arms to suppress him.

051　敘述蘇、西、德的三個反抗君權之代表

㈠蘇格蘭的布卡南(George Buchanan, 1506-1582)。

①女王馬利因信奉舊教，虐殺新派。於 1567 年被新教一派 Earl of Moray 廢逐。布卡南作論統治蘇格蘭人之君權，即剖白廢后之舉。

②暴君人人得誅之：

政治社會之形成有功利，有自然。人民與君主間訂有契約，君主之職在維持公正，人民賦予君王之權可大可小，可贈可減。

法律乃人民所立，君王欲更改，須人民總投票複決，凡未經人民同意而濫權破壞公正便是暴君，此人民公敵，人人得

誅。其更激烈。

㈡西班牙人馬利亞納(Juan de Mariana, 1536~1624)：

是否暴君？由誰決定？

由人民之代表－議會－多數決定；決定後人人可動手；萬一代表受制不能集會，則私人自告奮勇，殺戮暴君。但殺暴君最好勿用毒，免其自殺，為基督教不許。

其社會形成與布卡南同，人智漸開，私產、法律、強制隨之而有，由家族合成國家，將治權託付一人，此即有條件的。

㈢德意志法學家阿爾雪修斯(Johannes Althusius, 1557~1638)：

①系統政治學：

布、馬之論或為「時論」，而阿爾雷修斯的系統政治學則是博大的政治理論。此最大影響及貢獻為聯治主義。國家不是無數個離立的個人所積聚，而是許多團體層級漸進的大聯合。由家族而村落，而鄉村，而縣區，而市府，再聯成省，省市聯成國家。

②主權在民，暴君可抗：

主權在人民全體，不在其各份子，蓋主權乃人民特有的屬性。

契約不止國家有之，一切社會，團體都有契約關係，日後洛克與此同。

暴君可抗，但必在一切憲政途徑告窮之後。

052　試論英王哲姆斯一世的君權神授論。(James I, 1566-1625)

㈠「君權神授論」，產生之背景因素：

①宗教改革與戰爭，帶來長期分裂與無政府狀態，各國乃思和平秩序，為此須在「君權無上」為根源，乃有此理論。

②對外否認教皇的干涉，對內使貴族不爭權奪位。

③正合布丹的主權論，有一明確的主權者，置教會與教皇於國君之下。

④族國即已形成，移一般教徒的服從習慣於國君一人。

君權神授非中古觀念，而是再生精神，其有不同：

中古：指君的「位」為神職。

此時：指君「人」為神命。才能置宗教於政治之下，但也導至君與民面對面的對上了，衝突乃起。

㈡比哲姆斯稍早的廷達爾(Tyndale)已有此須要：

在其著作中均表示：

God hath made the king in every realm judge over all, and over him these is no judge. He that judgeth the king judgeth God…; and he that resisteth the king resisteth God. If the king sin, he must be reserved unto the judement, wrath and vegeance of God.

又云：

It is better to suffer one tyrant than many.

㈢哲氏的君權神授論是總代表，有五大要點：

①眾君王亦稱眾上帝：

君主政體是世上至尊貴之物，蓋眾君王為上帝在人間助將，上帝稱之為眾上帝。上帝有一切生殺大權而不受任何人裁判，眾上帝亦同。

②君王處一切法律之上，不受束縛：

一切根本大法、通法、巴力門，均不能束縛君王，君雖高出法，也為法所治。The king is above the law, as both the author and giver of strength thereto.

哲姆斯亦曰：For the king with his parliament here are absolute … in making or forming of any sort of Laws.

③一切人民絕對服從君王。

「人民對人君有自然的順從義務。」此與靈魂是否得救無關，教皇不得干涉。

④君王只向上帝負責，人民無反抗權利：

君王與人民有契約關係，但兩造都不能單方面行裁判。「則只有上帝是唯一裁判，其判決及處罰僅歸上帝才有。」

⑤上帝自會懲罰暴君，人民無權：

「惡君乃上帝遣派來懲罰人民，猶如瘟疫在懲罰人民的罪孽，人民自動掙脫此項懲罰，乃屬非法。」忍耐，祈禱是唯一途徑……上帝自會懲罰暴君。

小結：哲氏之論點以聖經為唯一根據，曰「寧可生活在一個無一事認為合法的國家內，也比在一個任何人對任何事均認合法的國家內為好。」

其恐陷入二分法之阱內，故其絕對專制不合英憲精神，不久成強弩之末。

053　申論法蘭西政治派的君權神授論

㈠政治派興起的原因：

重要學者有布丹(Jean Bodin, 1530~1596)。及 Etieune Pasquier (1529-1625)。

①部份天主教徒及新教徒目睹教亂，國將不國，乃寧有一國兩教而和平，不可因持一教而亂。尤在聖巴托羅繆日大屠殺後，此主張更明顯，其重政輕教，與耶穌會、聯盟對立。

②彼認君權有限論不足以應付當時亂局，必以君權神授論才能制服當時的各種反抗叛亂。有丹之為此派健將，主權論之為起於此時，此為原因。

③此派提宗教容忍，其實非容忍本身，而是為和平統一。無怪人以馬基維里派目之。

㈡此派之理論：

①法蘭西「君權神授」之實現，則「大君主」(le Grand Monarque)路易十四(1645~1715)而登峰造極。其曰：「朕即國家」。

②波緒亞(Jaeques Bossuet, 1627~1704)：

上帝酷愛和平，故有強制政府之發生。「若國君不受人民之絕對服從，則公共治安之基礎立即動搖，國中將無秩序、和諧、安寧……上帝任命君王為塵世代理人，正使其權威為神聖不可侵犯。」

㈣布丹與格老秀斯

054　法蘭西之布丹(Jean Bodin)政治思想

㈠背景、著作、思想：(1530~1596)。

君權澎漲即民族國家之形成，主權概念隨之湧現。首先完成主權論者，普通認為是布丹，次才是格老秀斯。

彼本政治派，後轉聯盟派，又退出。易知歷史之方法一書為歷史哲學，謂人類向前邁進，趨向立憲君政。論共和國家六卷則重專制君主。答覆一文是政治經濟學先河。

㈡主權論貢獻最大：

①主權論背景：

法蘭西當日之紛亂須要統一，非有一位公認的「主權者」不可，洽如馬基維里統一義大利必須一位「人君」。馬氏棄道德，布氏棄宗教。

②主權的定義：「國家者乃用主權力量，對無數家族及其共同事務的正當治理。」「主權者乃一個國家之絕對的與永久的權利。」

③主權的特性：「主權乃處理國民與庶民之無上權力，不受法律制裁。主權且不能分割，其特性是立法、宣戰媾和、任命重要官職、赦免、徵稅、製幣等。主權是國家之工具而非目的。

其中以立法為根本，「法」是主權者（人主）之命令，不必

人民同意。「除上帝外，無比人主更偉大、更尊嚴者，人主是上帝的代理人，以號令眾人。」

㈢主權仍有限制：

主權者受自然法、上帝法、根本大法等之限制，如女子不能繼位，家族及私產不受侵剝。「人主受神命法、自然法之束縛，人主無侵犯上帝之權。」

但主權又可以節制國家內的各種團體，如家族、工商、軍隊、集團……。

㈣主權與國體：

主權所在為一人、少數、多數可區別君主、貴族、民治三種政體，而以世襲君主國體(Monarchee royale)較優。不論何種國體，革命均難免，只能減次數及程度，財富太不平等造成革命。故革命有三種原因，神命、自然、人為。篡位因不合法，人民可以反抗誅戮；合法的君王不論如何暴橫，仍是主權者，人民無抗拒之依據。（或忌時局之紛亂而諱言革命。）「國有國君，猶家有家長。」

㈤氣候與政治的關係：

北方人：身強神足，勇敢冒險，智識魯鈍。

南方人：體弱聰明，善於思想，向宗教哲學而不務實。

中部人：（如法蘭西）兼南北之長，政治法律尤為貢獻。

　　小結：彼反對奴隸，贊成離婚，思想解放，宗教解放，足代
　　　　　表再生精神。

055　荷蘭之格老秀斯(Hugo Grotius, 1583~1645)政治思想

　　彼思想、背景與布丹類似，但貢獻更大。「予所觀察，基督教世界中，到處戰亂，漫無節制，如野蠻種族。」著有捕獲法、公海、荷蘭法學、戰和法、基督教。人稱神童，兼為詩人，劇家、歷史家、神學家、法學家、政治家。但與馬克維里思想完全不同。

㈠法：

①定義：「法學者乃遵循公正而生活之藝術。」彼根本否認馬克維里，即以為整個宇宙受制於「法」，上帝亦不能違法。「上帝亦不能變更自然法……亦不能使二乘二不等於四，故上帝亦不能使一事本為惡者，為是，」怪不得戰和法一書被教皇列為禁書(1627~1901)。

　「法者……道理之產物，為共同福樂故，命人遵守一切榮譽之事，其規定與宣告由社會中有權威者為之。」

②法的分類：

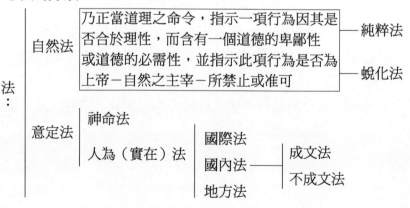

國際法（格老用 Jus Gentium）即萬國法「乃各國所普遍接受用以保持人類之社會或結合許多國家之社會，當然有法的須要。」

「根據各國間相互同意，已能發生的若干法律……而必以眾國家大社會之利益為目的者。」

(二)關於國際法的三個要點：

①如何而知國際法存在？

即散見於繼續不斷的習慣及證例中，「時間與習慣的創造品。」

②國際法究竟是否「法」？

天良與輿論是兩大法庭，足使各國君王遵守。「不受遵守，也是有效率的，公正得到天良之安寧、贊成、受上帝護使；不公正引起內心痛苦，受懲儆，是上帝的仇敵。」

③國家何由而服從國際法？

任何一國，任何時間都須要它國援助，無論通商或禦敵。故最強之民族、最強之人主，必眾聯結……人們若拋棄法律，一切事物均飄搖不定。

小結：彼認戰爭也要有法，戰爭若為不得已，交戰國應依戰爭法行之。而主權可以分割，此與布丹有異（056論）。

056　申論荷蘭之格老秀斯的戰爭觀及主權觀

㈠戰爭觀念及預防方法：

①戰爭觀點有五：

1. 戰爭不能一筆殺，有合法者，有非法的。

2. 從事戰爭的公正原因：自衛、恢復、懲罰。

3. 戰爭之舉行應守法。

4. 以和平為目的，儘早結束；不是競力，而是狀態境域。

5. 若有開戰的公正原因，最好不戰而採和平解決。

②預防之方法：

會議、約定仲裁、抽籤解決。

㈡誰能從事戰爭－國家與主權：

①國家：

「國家乃許多自由人之一個完全社會，為享用權利及共同利益而聯合起來。」「其目的為公正，否則盜賊也稱國家，其起源似經過一種契約。」

②主權：

「一個權力，其一切行為不受另一個權力在法律上的節制，故其一切行為絕不因另一個「個人意志」之干涉而歸無效，此即主權。」

可分割、可分劃、可限制、可轉移、可定期。重事實與現實，承認例外。

依自然法，人民為免損害，有反抗之權。國家為公共和平與秩序故，能限制一般反抗權利……但君主違反神命法或自然法，

臣民可消極不奉行，但用非法戰爭與攘奪王位之暴君則人人得而誅之。

㈢格老成功秘訣：

調和「實然」：蓋過重實然，必步馬克維里之後。

「應然」：過重應然，近烏托邦主義。

㈤烏托邦主義

十六、十七兩世紀中，重視「應然」者產生烏托邦論(Uto-pia)，代表當推謨耳、安得累雅、培根、庸帕內拉、哈林頓等五人。

057　申論謨耳(Thomas Mort, 1478~1535)之政治思想

㈠上卷，對當時社會問題的批判揭發：

①謨耳確為烏托邦主義之父，政府對紳士，怠惰無業者保護有加，而對工人、農民等則漠視不顧，聽任勞工年老流離而死。

All the other governments… are a conspiracy of the rich, who on the pretence of managing the public only pursue their private ende. 而富人也不見得快樂，社會中滿佈「frauds, thefts, robberies, quarrels, tumulte, contentions, seditions, murdurs, treacheries and witchcrafts.」

②暴露英國（及當時他處）的醜惡社會：

「人主多關心戰爭事業，少關心和平致用工藝。」「吾人到處所見聞者為貪嚙的豹狼與殘暴食人的蠹賊，不見優良統治之國家。」

「假使你容許人民之教育謬誤，風尚魔化，再因其犯罪而判刑，此非先為賊再殺嗎？」

(二)下卷，是描寫理想社會：

①理想社會之景象：無私產，熱心公益，人人享有任何物品之權利，均獲平均分配，無人貪窮，無人缺乏，無人「主有」何物，但均富足。世世代代快樂生活。

②基本制度：是全國共產。取消貨幣，每日工作六小時。每市府平分四區，每區設一「貨物集場」，物物交換，人亦不貪多。

As long as there is any property, and while money is the standard of all other thing, I Cannot think that a mation can be governed either justly or happily.

③保留家族制度，此與柏拉圖異。採用「會食」制度，男女二十歲娶，女十八嫁，婚前須裸視此暗合優生主義。敬老順從頗合儒家精神，人主間接選舉終生制，重要事務與法律由總議會或全體人民議決，私人而論國政，犯死刑罪。

小結：烏托邦是一個假定中的島國，廣約 200 哩，有市府五十四，市民與鄉民輪流住。每一家族十至十六人。
謨耳偏重社會及經濟制度。但也有可議之處：

①也有實在主義，如承認戰爭、犯罪、離婚等之存在。

②也有矛盾處：鄙視戰爭而許用武力待土人，暗示男女平等而有奴隸制度，提言論自由而不許人民私論國政，旅行遷徒均受限制。

③烏托邦為假設，未經證實。

058　試述培根的新西國及安得累雅的耶教都

(一)培根的新西國(Francis Bacon, 1561~1626, New Atlantis)：其為當日科學界之泰斗。

①借薩羅門院(Salomon's House)以提倡科學，並重視家庭，獎勵生育，暗示優生觀點。

②薩羅門院之目的，在求萬物之原因，乃擴充人力所能統制的範圍，以實現一切可能實現的。

It is dedicated to the study of the works and creatured of God.

③為求達此目的，一切設備應詳盡。有驗光室、試音所、幼覺院、陳列館，人須揭發大自然之神秘而改良自身生活。

(二)安得累雅(Johann Andrae)的耶教都。

德國人文主義兼教士。暗示都市設計、技術統治、國辦教育。

兒童滿六歲就由公立機關教養，商業不在私利而在公眾之便利。宗教生活（喀爾文派的）甚受重視。

其重視科學與培根同。

059 試述義大利的康怕內拉(Thomasso Componella)政治思想

㈠氏(1598~1639)因頌揚科學及反抗西班牙之故,身陷
囹圄二十七年。日都(Civitas Solis peotica)一書即幽禁
時所寫。其獎勵科學似新西國,而實行共產又似烏托
邦。

困苦足以「使人們毫無價值、狡猾、易怒、賊類……騙子
……。」而豪富「使人們成為狂妄、驕傲、無知、背信的逆
……自大。」而日都合兩種社會,彼輩全富,因其不缺;彼
輩全貧,因其全無。故,彼輩是環境之主人。

㈡社會制度:

日都之人一天工作四小時,工作平均分擔,沒有奴隸,勞工
神聖。怠惰視為罪孽。

康氏視為罪孽。

康氏比謨耳更進步,比柏拉圖更擴充普遍的公妻制度。「兒
女之生育乃保存人類非為個快樂。」

㈢政治領袖:

元首是玄學(Hoh on Metaphysic),總攬一切政治,兼政教之
長。同時權力、智慧、愛情三位綜合地匡贊密勿。處理萬
機。而戰備亦急務。

By Metaphysic alone nothing is done; all business is dispatched
by the four together, but is whatever Metaphysic inclines to, the

rest are sure to agree.

060　試述哈林頓(James Harringtom)大洋國之思想

氏(1611~1677)處克倫威爾(Cromwell)執政時代，傾心共和，對成文憲法及代議民治有無限信仰。所著大洋國(Oceana)，形式烏托邦，實是對英國之具體建議。彼最大貢獻在財產與政治－財產與政權之密切關係。

㈠土地之分配決定政體形式：

財產（土地）屬一人則君主，在少數為貴族，在多數為民治。

「土地之主有，其比例均分之如何，即國家統治政體如何。」

As is the proportion or balance of Dominion or property in Land, such is the nature of the Empire.

㈡政府統治之原理在：①或②：

①「心神」之物品(Goods of the Mind)：

用以解釋權威(Authority)之所由，是生而俱有或訓練養成的美德如聰明、智慧、勇敢。

②「幸運」之物品(Goods of the Fortune)：

用以解釋權力(power)或統治(empire)之所由，是指土地、財富、或身體上的美貌健康。

有權威者不一定有權力，有權力者不一定有權威。「一個學問淵博的作家雖無權力，但有權威；一位昏庸長官雖無權

威，但有權力。」

故彼主張法治，斥人治；主張民治，尊重自然貴族。

㈢法治之主張：先民治，土地在多數人：

法的統治(Empire of Laws)是「在共同的權利或利益的基礎上，建立與保持一個民政社會。」；人之統治（Empire of Men）「依一人或數人之私利而治理。」

所謂利益乃「The first and remotest notion of Government… the Foandation & Origination of it.」

而一切政府又起於財產的建立。「From the legal establishment or distribution of this property… procedes all Government.」

利益與財產顯然是一物兩面，欲有法治，先有民治；欲有民治，土地財產須在多數人，始有權力與參政。

㈣政治制度：崇尚智識的民治政體才最理想。

彼相信 Natural Aristocracy diffused by God through this whole Body of Mankind. 約每二十人中有六人是自然貴族。

若民治只有形式也不足取：A Parliament of physicians would never have found out the Circulation of the Blood, nor could a parliament of poets have written virgil's Aeheas.

平等的土地法是國家、政府所建立的基礎。賴以發展的是三級(three orders)的上層結構，即元老院司辯論建議，人民未表決，長官負責執行。

小結：彼在政治制度四大有名建議：

　　　　①秘密投票。

②間接投票。

③官職輪流。

④兩院國會，分員討論表決之任務。

其影響美、法、英革命甚大。

五、近代之前期

哈林頓已處新時代前期。而英國之清教革命實為光榮革命之第一步，1649 與 1688 年之兩革命確立英國憲政，也引起西方普遍的憲政運動。或可謂 The Politico-juridic 之成立，而有別於 the older politico-theistic doctrine.

近代之前期跨兩世紀，自密爾頓(1608~1674)～孟德斯鳩(1689~1755)。

(一)英國之清教革命與密爾頓

061　試論釀成英國清教革命的勢力（原因）

(一)律師與法家依據法律－通法及憲章－以抗君權：

①對抗英王，倡治法的三個人物：

　1. 科克(Sir Edward Coke, 1552~1634)：1621 年，哲姆斯竟將下院議案親手撕毀，時議會領袖科克；法律在君王之上，根據法律限制君權。

　2. 福忒斯邱(Sir John Fertescue, 1394~1476)：推崇通法是無上權威，「在英吉利君國，全國三級未同意，君王不得立

法，不徵賦稅。而所有法官也要受此約束宣誓；君王違
法，可不服從。」

3. 呼克爾(Richard Hooker, 1554~1600)：雖為英國教會辯護，
擁戴國君，批評清教運動，但也信仰立憲君政，「人們已
有覺悟，一人之意志支配全體生活，已成全體痛苦原因，
而趨奉法律。」

彼雖拾福氏的牙慧，其動機在擁護當權者，但也深信教會
和國家不同，此足供革命者借用。

②英人的憲政奮鬥史：

1215 年大憲章樹立。

1394~1476 年福忒斯特，通法為無上權威。

1554~1600 年呼克爾，教會與國家不同。

1584~1654 塞爾登(Selden)為第一個自由黨人(Whig)：「君王
決非雲端裡降落下來。」故英之憲政成功決非偶然。

㈡清教徒(Puritans)之奮鬥：

其指十六世紀中（約 1564）英國教會(Church of England)中的
左派，意見頗似喀爾文派。清教徒一般分兩大派，兩小派：

①獨立派：如

布牢溫(Robert Browne, 1550~1633)與巴羅(Honry Barrow,
1550~1593)主張政治與宗教絕對分立，各自統治。其源自荷
蘭，盛在美國。

②長老派：

因查理一世乃沉醉於其父君權神授論，不知思潮，竟又欲統
一教會儀式，取締清教徒，左右蘇格蘭的教會政策。國會與

蘇格蘭人分別奮鬥，成立國民章約(National Convenant)，提出大抗議(Grand Romonstrance, 1641)，組織尊嚴聯約(The Solemn League and Convenant, 1643)。巴力門乃採長老教義。但此時教派紛雜，在無政府之危險。

③剷平派(Levellers)：（軍隊勢力）

軍隊中同情於急烈的獨立派者，以利爾本(Lieutenant-Colonel John Lilburne, 1614~1657)為代表。軍中有總委員會，由官士兵組成：軍官以 Ireton 和克倫威爾為首領，仍雍君主政體，擬提議大綱。

兵士為主力要求主權在民之政體，草成軍隊之主張及人民之約章。

數年後，人民之約章和政府條例實成為英國成文憲法之嘗試。

④掘地派(Diggers)：（急烈共產份子）

文斯坦力(Gerrard Winstanley,生死不詳)為首倡共產，此為當時社會所難免。後兩派所依據為自然法而非英國法，是自然權利而非法賦權利，乃個人之權利而非英人之權。

062　英國共和時代密爾頓(John Milton，1608~1674)政治思想

㈠思想、意見、言論、自由：

長老派未得勢時倡言論自由，控制巴力門後卻箝制言論自由，密爾頓首先起而攻擊：「對出版的取締比敵人封鎖吾國灣岸港口危害更大，蓋阻塞吾人最豐富的貨品－真理。」真理非有討論自由不能發現，亦不能維持。殺死一個人不過死一個「道理的

動物。」殺死一篇佳作直是道理本身。故思想、言論、竟見不必
呆板一律：There be men who perpetually complain of schisms and
sects… It is their own pride and ignorance…. They are the troublers,
they are the dividers of unity.

㈡革命不能依據國法（或普通法律），必依自然法：

問：處死暴君，或變更國體，根據何項權利？何項法律？

答：「根據上帝與自然所定之法。」

「智者統治愚者為自然規定，從「愚輩」手中，取得治權
乃依自然法而行事。」

㈢權力在民，暴君得誅：

「一切人們本生而自由……生以出令，非以受命。」

「故君王之權是賦予的……權力本諸人民，君王亦受法律限
制。」

「凡不顧法律與公眾福利，只顧利己與私黨者，不論得位是
否合法，都是暴君。」暴君者，人人得而誅之。

小結：彼傾向共和是時勢所趨，另一共和時代的思想代表哈
林頓前有述。

但密爾頓論述仍有不通之處，其謂「智者統治愚者為
自然……」，誰是智者？誰是愚者？由誰決定智愚。
難不成依強弱決定！豈不又回到原始叢林！

(二)霍布斯與斯賓挪莎

063　在近代前期英國霍布斯(Thamas Hobbes，1588~1679)之政治哲學。

　　一般流俗向視彼為復辟運動之理論家，然對政府之「合法」或「事實」尚未判別，則其專制說可用時用於克倫威爾。況彼逃回英國未得新政府保護。彼最大意義與影響，是在英國第一位對政治思想加以「系統理論」者。著巨靈(Levithan)。

(一)全部政治哲學基於人性觀：

　　治國者必先了解人性自有其規律，基於人性大本有兩個心理：

　　①企求權力：

　　「企求權力、財富、智識、榮譽，此四者可歸納為一項：權力。蓋餘為權力的不同種類而已。……此為全人類普遍傾向，至死而後已。」

　　②恐懼損傷：

　　即要爭權、必有猜忌，不相容忍，乃生於恐懼之中。「值行旅則武裝戒備……夜間睡覺則關窗閉門，或箱籠深鎖。」是恐法律有不足也。

(二)人在自然狀態下是不安的：

　　如上述，則人在自然狀態無法律、無官吏，其生活之恐怖有

如地獄。但天生吾人似有平等之處，人與人之差別不大……以體力而論，最弱者也有充份力量殺死最強者，不論其出秘謀或幫兇。

任人與人爭戰之結局，「即無所謂公正與不公正之觀念……亦無公共權力。強力與詐欺是戰爭中的兩大美德。」

In the nature of man. We find the principal causes of quarrel. First, competition; secondly, diffidence; thirdly, glory.

㈢為解決生存環境的不安，訂契約，產生國家：

①自然權利與自然法不同：

自然權利(Jus naturale)：乃各人為保存其一己之本性及生命，勿使用其權利的自由。是個人用自己的判斷和道理，達到「保命」的目的。

自然法(Lex naturalis)：乃由道理，自然存在的普遍事實，所發現的一項原理或通則。

②言自然權利：為保命可以剝奪他人生命，此權利存在使人類永無安寧。言自然法：為求保命，也保安寧和平。

故自然法三大律是：追求和平、放棄自然權利、履行契約。

③國家(commonwealth)－巨靈的產生。

要建設一個內制相侵，外抗強敵的公共權力，其唯一方法：將一切權力與力量賦給一人，或一個集會。合眾人意志成一個意志，此是全體在一人之下的真正和一(real unity)，由人與人訂契約而成，放棄一己之權利，而賦予此一人之一切行為。此項聯合成一人之眾群，即是國家，乃巨靈之產生。

小結：霍布斯的政治哲學是根於人性的權力鬥爭與追求和平而起。其主權論在 064 題論之。

064　申論霍布斯(Thomas Hobbes)主權論

立契約，組國家，動機不過利己，為求安寧與保障。若人類能遵守自然法不相侵害，則無須政治社會。故有國家始有公正，始有是非，始有法律，始有私產。自然法也要主權者之命令才有效力。國家之權力是一切權力最大者－主權。掌握主權之人（無論為一為多，國體以此判別）即主權者。

㈠主權者有其固定不易之權利：

①人民不能另立主權者，蓋已放棄的權力不能恢復（除非主權者同意）。

②主權者非立約之一造，故不受限制，無破壞契約之可能。

③人民多數即已推戴主權者、少數當服從，否則受誅滅。

④主權者所為，不能為不公正；不受庶民處死或處責。

⑤主權者可審查或取締一切竟見。

⑥可訂立關於財產之法律、刑法、施行刑賞、決定和戰。

⑦可任用官吏，頒勳授爵。

法律是主權者的命令：These are the Rights which make the essence of Sovereignty.

其功用是：利導人民不使損害自己：Law is Command… only of him, whose command is addressed to one formerly obliged to obey him.

No law can be unjust.

㈡主權取得有兩種方式：

① Sovereignty by institution：

由契約取得，其國家稱 by institution。為「合法政府」，此似我國的「正統」觀念。

② Sovereignty by acquisition：

由武力取得，未得人民同意，其國家稱 by acquisition。為「事實政府」，此似我國的「偏統」或「變統」觀念。

㈢君主國體，絕對服從：

彼雍護君主國體，人民無反政府之權，更無弒君之根據。國家之第一要素在人民的絕對服從。Take away in any kind of state, the obedience… and they (People) shall not only not flourish but in short time be dissolved.

宗教與教會也以主權者命令為依歸，言人民自由而甚空洞。

小結：唯物、功利、機械、心理的，是彼政治思想之特質；而自然法、自然權利、契約、主權、諸觀念轉為十八世紀民治論者所盛用。

065　試論斯賓挪莎(Baruch Spinoza, 1632~1677)政治思想

彼生長於荷蘭的猶太人。以宗教觀念不同，被逐出猶太教會，實其為信仰自由之領袖。受霍佈斯、笛卡耳等人影響，著有：神學政治篇、政治篇、倫理。政治思想最堪注意有：唯實主

義、人性觀、強力即權利、功利學說。

(一)唯實主義：

「上帝即自然。」上帝、自然、本質三者不過物之三方面。自然界一切存在的現象，便是自然，皆係實在。For a man, whether wise or ignorant, is a part of nature… and does nothing either from reason or from desire, except according to the laws and rules of nature.

自然界若干人事物似甚可笑或惡劣，正因吾人所知為零碎片斷，對自然界的秩序和調和漠然無知。

(二)人性觀念：（此似論政治學的研究方法）

研究政治，須拋棄人性中的好惡喜怒，如數學研究線、面、立體。

蓋應然中求應如何！只能在烏托邦中實現。

而實然中去求，政治學才能成為致用的科學。

「予效力政治學時……謹慎自矢，對人類行為不加訕笑、不加唱嘆、惟求了解。」不求應為之事，而求能為（即實然）之事。

且人類行為非道理所能完全支配。

(三)強權即公理：

「魚游水，大吞小，乃自然所決定……皆根據無上的自然權力。……自然權力即上帝權力，上帝對一切事物有無上權利。」故事無善惡，每個人為求其生存之「個人權利」，可以為所欲為。此由自然境域，到契約而成國家觀念與霍布斯類同。

(三)洛克與光榮革命

　　光榮革命之發生，不外哲姆斯二世未記取其一世之教訓，欲恢復專制與舊教。此後，君權神授之理論及實行均告絕跡，巴力門主權得以奠定，時為 1866 年。而洛克(John Locke, 1632~1704)為光榮命革的理論家，所著論政府兩篇乃為新王威廉辯護，為其入承大統提供理論依據，此實即擁護巴力門。並宣告哲姆斯二世背叛契約，喪失君位；立新君乃人民之義。

066　試論十七世紀英國洛克(John Locke)政治思想

(一)從「自然境域」始，此與霍布斯不同：

　　所謂「自然境域」，是「政治權力」尚未成立之時代與境域。所謂「政治權力」，乃一項權利可以節制及保存財產故，而訂立法律，為執行此項法律，可以動用的社會武力。

　　And all this only for the public good.

　　當社會中有某機關掌握此立法及用武力的權利，即成國家。

　　在自然境域中，人人都受自然法－直理之約束，人人平等而獨立，無損害他人生命與自由、財產，此三者即自然權利。此時雖無國家，但已有社會，與霍佈斯的恐怖世界不同。但其自然境域也有下列問題：

　　①缺乏一部明確、而共同承認同意的法律，為爭執之尺度。

　　②缺乏一位公正的法官，賦予解決一切爭執的權威。

　　③缺乏擁護判決，使其能執行之權力。

(二)解決自然境域問題的辦法：

①先合群而成國家：

各人先放棄原有自行執行的自然權利，以之交付於公眾，為一個政治的，或民政的社會。此即產生一個政府來執行立法、行政工作，安內攘外，且運用全體之力量為後盾。We have the original of the legislatius and executes power of civil society.

②自然境域的自由、獨立、平等，未得個人同意，不能強迫脫離而歸順於另一權力。其辦法：各人相約，聯合組成一個社團，得到較大的和平舒適和保障。

(三) Locke 的契約：

①是各個人與大眾所訂，不是個人與個人所訂。

②此後採行多數決：成立國家則 the majority have a right to act and conclude the rest："若云全體則" such a consent is next to impossible ever to be had.

③自然權利並非完全放棄，為執行自然法及礙於國家者放棄。

④所放棄者是交付給社會全體。

⑤似有兩重契約但不明，先生國家，後有政府，而政府似為契約之一造。

⑥契約指合法政府，並非指過去一切政府都基於契約。

小結：政府權力有限的，不能濫用：directed to no other end, but the peace safety, and public good of the people.

政府之最大功用，在保護廣義的財產。

其政權和治權下題解。

067　論洛克的治權與政權

㈠政府的治權有三：

即立法、行政、外交（原詞是：federative power）。立法權最要：

①立法權是國家最高權力，神聖不易。但有限制，不能傷害人民的生命財產（除非財產經本人同意則可），立法權不能移交他人。

②法律與自由是相成而非相反，「法律之目的，不在剷除或減少自由，而是保有或擴大自由。」即在政府之下，人人依照法律執行。

③社會之要素和團結，就是「一致意志」(one will)，立法機關應宣告保存之。人主若 public will 則人民有服從之義務，若 private will 則人民棄之。此盧梭的意志論，洛克已先提及。

㈡政權－主權在民，暴君可革：

國家解體來自外寇入侵，政府則內在而起，可見國家和社會本質上不同：

①立法機關變更。

②立法機關或人主背負信託，玩弄權力，只顧私利。政府行暴政，喪失掌權依據。

所謂暴政，「統治者……不以法律而以私意為政，不事保存人民之財產而求滿足私人野心，報復，貪婪等。」Wherever law ends, tyranny begins.此時人民可不服從，但只能訴諸於天(appeal to heave)，若再三再四的暴政，人民仍可起而革命。

(三)自由信仰與土地私有：

各人勞力施於土地，則土地必須私有。而信仰自由應擁護，各教派相互忍耐，不必強迫人民，蓋統治者的宗教也有謬誤。

「某一藝術，縱不能使予快樂，亦能致富；某一樂劑，縱予不信，也能治病。但某一宗教為予不信奉，斷不能使予得救。」

小結：使思想上受呼克爾、斯賓挪莎等人影響，分論之，無甚創作；整部言之，則在十七世紀首屈一指，影響美法革命很大，不愧是思想史上的鉅子。

(四)孟德斯鳩與歐洲思潮

068　十八世紀上半歐洲的政治思潮

(一)德意志方面：有

投馬西厄(Christian Thomasius, 1652~1728)與吾爾夫(Christian Wolff, 1679~1754)。兩位均重理性，深信人有自然權利，其學說影響：

①反抗神學派的政治理論。
②引起解放理想、如自由、平等。
③促進國際法之發展。

(二)瑞士有發忒爾(Emer de Vattel, 1714~1767)：

著國際法頗有成就，「戰爭是以武力執行權利。」

但戰爭只能為取償損害或避免損害，好動甲兵均是盜匪，任

意以用兵為樂均不配稱人,是人類仇敵,各國應聯合剷除之。

倡導國際互助,各國均須相互謀求進步與快樂,並無權干涉他國。國內政治以自由為歸宿,「國家之目的,乃人民之快樂」而非人君之快樂。

㈢義大利有韋科(Giovanni Battista Vico, 1668~1744)

制度無絕對優劣,須視一族國的時代環境而定,此孟德斯鳩之濫觴。

一切事物之類別:風俗、法律、政治。

一切人事之原素:智識、意志、權力。

一切政體之分類:神權、貴族、民治(共和、君主)。

㈣英國有休謨(David Hume, 1711~1776):

①人性觀頗近斯賓挪莎,求實然而不必假定為應然。

It is, therefore, a just political maxim, that every man must be supposed a have.

重實務、經驗、倡功利。此思想價值已似近代而受公認,對後世政治科學影響亦大。

②「政治可成一科學」:

法律與政體甚少要賴人們的好惡性情,由此推論,可與數學等科學同樣普遍及確定。

國家由功利而起,人不得不維持社會,再向前進步,則設立政治社會以司理公正,蓋有公正才有和平安寧。

③研究古今史事,歷來政府都以極少數統治極多數,彼之心理解釋為「意見」:

It is … on opinion only that government is founded… upon there three opinions of public interest, of right to power, and of right to property.

④政黨政爭之不能避免，但痛斥過度的黨爭及變態政黨，政黨惡鬥危害全體人民。

To abolish all distinctions of party may not be practicable, perhaps not desirable, in a free government.

069　試論法蘭西之孟德斯鳩政治思想

Baron de Montesquieu (1689~1755) 是洛克後，具系統，能自成一家，用客觀精神，科學方法來研究，而影響遠大者。

㈠法的意義：

「法者，其最廣意義，乃由事物之本性而起的必然關係。」

「人們受幾種法的統治：自然法、神命法、教會法、國際法、普通政治法……民法……」

㈡三種政體：

①共和：人民或其部份握有最高權力（此又別民治、貴族二類）。以美德（如愛國、愛家、平等）為運行動力。

②君主：一人統治，但以成憲為依歸，以榮譽為運行動力。

③專制：一人好惡是從，以恐懼為運行動力。蓋一人獨尊，則必怠惰，偷安，荒淫，無知。

「最合自然之政府，乃最合人民好惡及情性的政府。」

㈢三權分立：

彼頌揚英憲之三權分立及制衡制度，每一政體中有三項權

力：立法權、行政權、司法權。「立法、行政由一人或一機關掌握，則無自由……司法而不能與另二權分開，亦無自由……三者合一被掌握則不堪設想。

㈣論自由：

①自由有二：政治自由，關係憲政或政府者；次民事自由，關於人民之保障者。

②自由的定義（限制）：「乃一種權利，能為法律所允許的一切行為。」

有政治自由，未必有民事自由，反之亦然。

㈤地理環境與政治：

此布丹也曾發揮。如寒帶人多精力而勤勞，熱帶人怠惰。

疆域大者往往為專制，中者宜加君主，小者宜共和。

「腐化都是從上面開始的，由平民起者絕無。」

小結：彼不懂英國內閣運行，其分權並非基於觀察，而是法意，成名後隨之風行。其後美利堅獨立也是本此制衡思想而建立其政制制度。

第三章　盧梭的政治思想

一、盧梭的背景與地位
二、盧梭的初期著作：應徵文兩篇、政治經濟論
三、社約論
四、盧梭其他文字中的政治思想
五、盧梭之貢獻與影響

一、盧梭的背景與地位

070　試述法國盧梭(Jean Jacques Rousseau, 1712~1778)背景與地位

㈠背景：

①政治方面：盧氏逝世即路易十六即位第四年，其一生飽嘗昏君專政，等級會議自 1614 年未召開。

社會方面：階級顯著，權利懸殊，封建餘毒。

經濟方面：兵役賦稅全由平民負擔，特權則免（貴族與教士）。

②時代思潮：

「自然論」之觀念，自古來自然法、自然人、自然政府，舉凡十八世紀的理性主義，均由彼集其大成。政治觀念和人民

同意、治權範圍、主權性質、契約方式均由洛克、霍布斯有論，盧氏為十八世紀集大成代表。

③生活境況：彼生而母死，父亦流亡他鄉。無固定職業，受各國政府取締，顛沛流離，當時社會極端不滿。故彼受環境刺激，支配很大：He was shaped by his life, not by what he read.

④重要著作：論科學藝術與風化之關係，論人間不平等之由起與基礎，政治經濟論，愛彌兒或教育論、社會論、山中通信、高錫加憲政芻議、波蘭政制議。

㈡盧梭之重要性：

①政治思想論：其開近代第一人，以下諸人均有欠缺：

丹第：尊政權，抑教權，尚統一，求和平，但沒於當時。

馬克維利：有治術，無國家學。

霍布斯：持專制獨裁，有神權氣味。

洛克：雖倡革命權利，猶持君主政體。

孟德斯鳩：用歷史與比較方法，揚棄絕對，取用相對，殊鮮新異。

②所提問雖都是政治思想史中的基本要素，如政府為何成立，人民何以服從，強制的法律依據等。彼之答案雖未成功，亦未失敗。

③民治理論在當代的澎漲，如政治、經濟、暴動、個別利益等，盧氏的意志論更深思。

④盧梭政治思想是研究政治的絕好題目，其含個人主義、團合、無政府、族國、國家等主義，均可發揮個人心得。

⑤在思想、制度上影響至鉅（篇末詳論）。

二、初期著作：應徵文兩篇、政治經濟論

071　盧梭「論科學藝術與風化之關係」及「政治經濟論」要義：

㈠「論科學藝術與風化之關係」

①為 1749 年法國第戎(Dijon)書院徵文首獎，首闡文明進步後的悲劇：文化未昌，人皆純樸。今則信任不復存在，妒忌、怨恨、欺詐藏於禮貌之後。為何？「人心墮落實與吾人科學藝術進步成比例。」

②科學藝術自惡德生：

如天文學起於迷信、雄辯學起於野心和諂媚，物理學由於好奇。

③對當日社會之批判：

當時之人只有才智而無操守，文章不求有用而求華麗，重獎才華而不問美德，只有優美文章無優美行為。吾人有無數化學家、天文家……但無國民。

本文的基本觀念，回歸自然，疾惡人為，輕視理智。並忠告：切勿迷信專家。

㈡「政治經濟論」：

著於 1755 年，內容已有社約論傾向，幾為其縮影預告。

①國家財政三大基本原則：

1.「合法或民本政府……是無論何事，須順從人民之全意志。」

2. 「若要全意志確實成就，個別意志與全意志須相吻合。」

3. 保護國民尚不足。更要關懷其生存，故公眾需要是為政府基本職責。

②全意志要如何表現：

「是否每一事件要集合全國民眾？不必。全國民眾應少集合，蓋統治者深知全意志即永為有益公利方面－舉措公正準是順從全意志。」

③國家起源及其主權與治權：

否認由家族擴大，寓有契約訂成，殊為明白。

主權：須本於人民意志訂法律，得以實現自由、平等、公道。

治權：執行法律為主要職務，權力只能及於個人，不及於全民族。

人民私產則起於國家未起之前，為後來建設國家基礎。「財產權乃公民所有一切權利中最神聖不可侵犯者，有時較自由為重。」

072　盧梭「論人間不平等之由起與基礎」一文要義

㈠自然境域演進之分期

①第一期：原始自然狀態，人與獸相去無幾。無惡、無善。完全受制於自然的本能衝動。有其純樸之面，非黃金時代亦非恐怖時期。

其有一基本美德：「憐恤」，即同情，其他諸種美德由此而發源。

②第二期：過渡時期，為最快樂之時代。因人有發展之能力，

開始由自然狀態轉成文明政治社會，家族與財產觀念漸生，不平等始彰明，而疑忌、怨恨之風由此起。

③第三期：政治社會，退為痛苦。私產形成，國家隨起。有一人先圈劃土地，曰：「此歸我有」。此實政治社會之創建人。

但拉甫追(Lovejoy)研究則分四期：原始、工具、鄉村生活、私產發現四者。

(二)不平等之由起及過程：

①私產一起，富者愈富，貧者日貧。禍害日深，終至壓制了憐恤與公正之呼聲。人們變成貪得、無厭、兇惡。

②私產與不平等進而為法律承認，國家保障。富人假窮人利益而立法，爭戰乃成人類以後之歷史，政府成「必需的禍害」，當其至極，出路只有兩條：一為革命，次為恢復攻府合法性。

(三)評論：

①主觀幻想，違背科學方法：對自然境域之描寫及演化分期均是，此為當時學界通病。

②思想淵源：

洛克的個人主義。

霍布斯的自然境域，各人離立，合成政治社會。

摩里歷(Morely)頌自然，病法律，斥私產→狄德羅→盧梭。

蒙旦(Montaigne)之唾棄禮教。

③本文之貢獻：借理想自然，反映當時社會、政治、經濟之禍害；用以反抗當時之各種不平等。對法國革命之影響深遠。

再者，十八世紀雖懷疑現狀，但仍相信人類進化可臻完善，盧梭謂黃金時代已去而不返，異乎時尚。對自然法之廓清也是政治思想史上之貢獻。

三、社約論(Contrat Social)

073　盧梭「社約論」一文毛病、懸決之中心問答與答案何在？

㈠此為其代表作品，但有毛病：

①立論方法違反歷史：其描寫不問根據，有如小說，難成政治學。但理論是否符合史實，與其產生的影響力未必有關。

②太重形式：如謂執政者有三種意志，此恐祇有邏輯上之存在。如一國萬人，每人有萬分之一「主權力量」，小國國民自由多。如謂法律是主權之表現，而主權又屬人民，故人民無自害之理，法律亦必達自由平等之目的。不但形式，且難實證。

③感情主義與理智主義之間：

感情方面：世所公認，彼亦自認，其政治思想受情感支配。

理智方面：政治性質與運用，則偏重理性。如國家成立基於契約，未歸於宗教、血統。如全意志之表現，乃國民全以公共福利為前提。法律並非私利之爭，而是調和妥協結果等。

④有少許的機械觀：

視國家為無數離立份子的集合體，給人民立法權，恐人民不能善用，又設立法家，但立法家不居職位，以為人民可永保

主權。

視政治為機器，視政治家如工程師。

(二)懸待解決的中心問題：

①國家起源？性質？國家有無理性根據？法律施行的合理性？
即吾人勢必服從政治強制力的理性何在？

凡此都出自吾人自願與同意，「予自信能解決此問題」。

②推翻他說，建立契約說：

非由家族：國家起源非由家族，子女長大即難服從父母，何
況服從國家呢？

也非奴性說，民眾自願為君王奴隸，萬不可能。

暴力嗎？也不是，否則無正義權利可言。

乃有自信成功的契約論。

(三)答案：契約：

①產生國家之基本契約條文：

今欲尋求一種結合方式，以全體力量保衛每份子……使每一
份子雖與全體相聯結，仍服從自己，續留自由如故。此即契約所
欲解決基本問題。

「吾人各將身體及一切能力，委諸全意志之最高指揮。」

「每人委棄一己於全體，並未委棄於任何人。」在自然境域
中吾人持一人力量自保，契約產生國家後則所有人保障我一人，
國家成立後，法律可由多數決定。

②契約成立後兩個積極結果：

1. 國家產生，「即產生一個道德的，集合的團體……此團體
也因這種結合得到它的"大我"、"生命"、"意

志"。」此即「公人」，昔稱市府，今稱共和國或政治團
體。

2. 個人福利的增進。國家未產生時，個人福利無從保障；國
家成立後，以國家之力保障之。

074 評盧梭的契約論

契約說三傑有：

霍布斯，欲置主權在君，但契約理論顯示主權在民，其理論
有自相予盾處。

洛克，未直接言明主權何在，但本意仍在民，平時在政府，
革命時在人民。

盧梭，政府為公僕，主權永在民，體系已較完備，現代民治
理論乃成立。

(一)契約論之動機：

①避免或反抗神命、武力、或家族起源說。

②以理智解釋政治。使國家成理性產品，成為人民有意識之結
合。

③使人民居主動地位，人民才是國家的主人，指揮政治，不受
制政治。

④解釋強制力與服從，均由己由心，不由人由外，自由才有意
義。

⑤指國家與政府之權均來自人民。

⑥聲明政府應謀人民之福利，人民不供政府之犧牲。

⑦革命權永得存在。

⑧至少為執權者求一個倫理根據。

(二)契約論之根本缺點：

①就歷史而言，全非事實。其評霍布斯至當，何以知己不當：

Hobbes was concerned not with history but with psychology and reason; he was interested in the states of mind which no more at the beginning than at all times give the state its firm seat in the saddle of human nature.

②就心理（初民的智識經驗）也不可能：

初民那知國家建立後如何光明！當代國民亦未必認知。

③就訂約者論，個人為單位恐係虛構：

歷史上大多重視團體，視國家由個人直接組成，有違事實。

④契約是國家、政府、法律成立後，才有的概念（名詞），初民不可能有。

⑤就政治（國家安定性）言，人民對國家可立可廢，則國家豈如公司。

⑥就法律觀點，契約便有兩造：

國家契約論中無此要件，何異左手與右手約。

⑦契約豈能約束萬代子孫？

(三)契約論的歷史地位（影響）：

①如十七世紀英人逐哲姆斯二世，即以「破壞君主與人民之原始契約」為第一條罪狀。美國獨立標榜「得自被治者之同意。」

②今日內閣制總統制中的民選，含契約之意義。

③當今各國都有憲法，權利義務明訂，暗示國家契約說並非全

是夢想。

075 論盧梭社約論中的主權與主權者

契約論之魅力於「主權在民」，正如今之貧民，聞產業可以公有。

(一)主權第一特性：絕對最高。

人民將全部自然權利交付團體，涓滴無餘，則此團體（國家或主權者－全體人民）當然最高無上；又因其無誤，故為絕對。社驥在「法律與國家」書中對此恐有誤解：

J. J. Rousseau is the father of Jacobin despotism, of caesarian distatorship, and upon closer observation, the inspiree of the doctrines of absolution of kant and Hegel. 其恐記主權，而忘主權在民。但盧梭認主權仍有其限制：

①庶民須全心服從主權者，「主權者不能以無益桎梏強加人民。」

②對庶民之一切法律，應公正平等。

(二)主權第二特性：整而不分：

「分主權為立法、司法、對內……猶之一人而數身。」「出令權與立法權，政府權與國家人民全體之權，根本不同。」主權與治權始告區分。主權之為物，也不能任人割棄。

但主權如何表現？「在全意志之運用」，全意志之表現在法律，由主權者表現之。

主權也是永久無誤，因全意志無誤，主權也是無誤的。其形

式上是人，實質上是一種大公無私的政治原理。

盧梭對主權者行為，有下列結論：

①係一種相互的合同。

②根據社約，故合法。

③目的與效果都為眾人福利，故有用。

④有公眾權力為後盾，故穩定。

⑤對全體影響一律，故公平。

(三)兩種主權論之比較：

①盧梭所持為政治主權論者：

只信政治主權而拒棄法律主權，無異研究盧梭思想，又否認其裝訂成冊之文字，為思想所在。

②奧斯丁(Austin, 1790~1859)所指法律主權說：

徒重法律主權，拒絕政治主權，如只見登場之傀儡，忘其後面的主人。

076　論盧梭「社約論」中的政治意志－意志論。

盧梭政治思想中比較最創意、深刻、而最有永久價者，當推其意志論。其論意志有四種：個別意志、團體意志、總意志、全意志。知其一，則知其餘。

(一)全意志及其構成要件，有三，缺一不可：

①參加、發表而形成此全意志者，必為國民之全體。

不必是全體無異議，但須全體參加。故其主張純粹民治，而反對代議制度。全意志是多數意志，多數意志未必是全意

志。

②全意志之對象必為全體：

「全意志去而有個別目的，其性質已變。」即必與全體有關，全體所受之影響又必一律。

③參加者必以全體之共同利益為動機：

不可以一己、一族、一團體之利益為前提。形式上全體參加及客觀上全體為對象，也不能擔保全意志之產生，全體必各本天良，為國家利益著想，才成全意志(Volonte generale)。

㈡總意志(Volone de tons)：

去全意志之第三條件為總意志，顧及私人利益。「不過是許多個別意志的總數；個別意志相抵消之差為全意志。」如A+B，A+D，A-D，A-B等各意志，抵消後的差為A，即此四人全意志。此解困難頗多，非其要旨。

總意志定義：「為個別意志（含個人、某一階級或團體）之總和者。」

㈢團體意志(Volonte de corps)：

國家中非一個人，而是一部份個人，如社會、黨派、階級所有之意志，與國家之全意志相抵觸者。

團體意志也是一種個別意志(Volonte particuliere)。

㈣全意志的實現方法：

①直接民治：即全體國民參與立法，重品質不重形式；但當代已難有可能，而由品質趨向形式，即轉向「總意志」。

②避免政黨：「國家中應無黨派組織，而每個個民只應發表一

己意見。」即國民對議題須有獨立見解，不受影響。若黨派不可免，則多多愈善，愈近全意志。此與當代政黨政治差距頗大。

(五)全意志之功用及不服從之處置：

全意志之表現－法律之訂定，必有我一人之意志在內。服從法律，直接服從「大我」，即間接服從小我自己。我與全體意志合一。有不服從者，強制之，其受強迫而成自由。國家對個人言行之束縛，皆完成自我自由，此盧梭驚論也。

杜驥詆斥在此，故對政敵，少數階級之屠戮有何不可？

077　各家對盧梭意志論討論（對兩個問題之見解）

(一)第一個問題：全意志能否別於總意志？

主張能分或應分的，如博山克與霍金：

①博山克(Bosanquet)：

是「必要堅持『真正』與『顯似』間，『普遍』與『諸別個總數間』之別，即為私易為公難，為己眾為人寡，標榜全意志正是「取法手上，僅得乎中」之旨趣。

②霍金

彼堅持實然與應然，極宜區別，用人的自覺批判自己缺失，總比未發現缺失更近真理。

此二人之論誠如「高山仰止，景行行止；雖不能至，必嚮往之。」

但最近政治思想界似趨向否認兩者可分，如拉斯基與馬歧味：

①拉斯基

世無真我(Real self)。國家之意志從未能單一，從未曾得到全體一致的合意。其只認個別意志與總意志，否認全意志之存在。

②馬歧味(Machver)

人民意志即缺乏完備形體，又乏自動能力，卻集中一點成立之，勢必有精密之機關組織。但盧梭不討論組織。民治的基礎在意志之事實，不在意志的純潔，因「純潔度」不能計量。馬氏只要國民有言論自由，不管是否純潔。

㈡第二個問題：意志是否存在？

①存在的，博山克極力為盧梭辯護：

但加以修正，謂全意志和總意志，實即真意志(Real will)和實意志(Actual will)之別。真意志是吾人純真企求，永久之目的，無誤的決定；實意志是吾人偶然企求，暫時之目的，有誤的決定。他好似化裝的盧梭，其要義是：每人有真我（真意志），且是良知之我，應然之我，真我－小我，便是全體國家之大我。

我一人之意志真，即國家之全意志。

②和布豪斯

他反對「真意志」一詞，用「真」便是實在，而非假定。真怎能有錯。且「整個我中，怎能說這一部份較另一更真。若我為真，則一切行為均是真非假。」故他認為博山克的真意志乃是「理想意志」或「合理意志」。在常人中為不真，在精英中也不完全。

就政治上更斥「社會前進由繼續不斷的嘗試與謬誤。」若有

一人出現「全意味」之表現，可能強制全國人民妄受，流毒在此。

博、和論戰，實是唯心論與實在論之衝突。

078　盧梭對法律與立法家有何立論

(一)法律與法令不同：

全體人民為全體本身之事，議決命令，即法律。

政府官吏之決定為個別意志，是法令(decret)。「任何國家只須受治於法律，無論其政體為何，予稱之共和國。」

(二)法律分四種，習慣法最重要：

有政法（憲法）、民法、刑法、習慣法四者。後者最重要，「法律中習慣法最重要，非刻於銅板石表上，是雕鏤於國民心坎中，其可創造國家真憲，當別種法律腐敗時，能使之產生新生。所指即風化、習俗、輿論、公意。」

此種見解與社約論又有不同，豈不奇怪。

盧梭認為法律為公正與自由之母，且法律以少為貴，多則示政治腐敗。

(三)立法家(Legislateur)：

人民服從法律，故人民應為法律之作者……一般愚盲群眾罕知何者為己身福利，往往不知所願何在！此則需嚮導，這是立法家需要的理由。此與其一貫思想頗有出入，為何現又稱人民「愚盲」？此處有其彌維之法（真旨）：

①立法家之建議，非經人民採決不生效力，故主權仍在民。

②立法家重要，但無治權，以免行私。

③誘導人民尊重立法家之建議草案。

㈣立法家的資格：

①須「洞知人欲，而自己沒有並能了悟一切人欲。」

②他要有生活保障，使不受誘致而違反大公正導。

③須不急名利，不速貪巧，須「慘淡經營於一代，享盛名於他年。」

④能洞知群眾心理，用群眾所能了解文詞宣傳其懷抱，否則將如對牛彈琴。

079　試論盧梭之政治環境與政府政體

㈠政治環境－政治與環境：

①各民族自有其個性：

幼稚民族有彈性易治，及老大則衰朽難改。「世間有許多民族永不能有良好法律。」如地理、氣候、人口、疆域、性格、宗教、文化等。

②疆域上，主張小國，大則弱。蓋大國法律執行不易，風俗互異，陰謀難防。後未預見今之聯治或地方自治使然也。

③立法良機，在和平時期。更在人民尚未受風俗與迷信桎梏時。一切立法的兩大原則；自由與平等。平等並非絕對的，富者不富到竟能購質他人，貧者不致賣身。

㈡對「政府」的質疑：

①吾人為曷而有政府？欲成一事，必包含意志與實行，國家亦同。有法律而不行，等於無法。設行政而無法則欠根據。

②政府果為何物？是人民與主權者中間的媒介機關，負執行法

律、遞傳消息、維持民政自由之責，實即人民之公僕。

③政府是否由契約訂成？非也。

此點盧梭似有矛盾。

④政府經何程予而成立？首先人民（主權者）用法律規定後，再由人民出令指定人選。

(三)政體與環境：

政體無絕對優劣。「每政體在某境地可為最優，在它境地可為最劣。就政體與環境言，大體是：

論地理出產；貧國宜民治，富國宜君主。

論氣候：熱帶多專制，溫帶多自由。

論人口：密集之地，政府愈難纂奪主權。

論版圖：大國宜君主，小國宜民治，適中宜貴族。

盧梭對間接民治（代議政體）視為封建餘毒，因意志不能代表，行政權亦不能代理。但後在波蘭政制議中則有讓步，大國可用代議。惟到底是「授命原則」(principle of Delegation)或「代表原則」(principle of Representation)熟優？至今有爭議。

(四)貴族政體分三類：

其一，自然貴族；由年齡、地位、能力、才智、而握有治權，可能是最早政體。其二，世襲貴族，為最劣者。其三，民選貴族，此為貴族政體之正義，可能是最優者，其與代議制度頗多類似。

080 試述盧梭之革命、財產、宗教上的觀念

(一)革命理念：

國家：其欲合法，只有主權在民。人民處於不合法國家中，欲創民治，為本有與應有之權，此暗示人民有權革命。

政府：除獨夫統治外，餘皆合法者多，但無論何種，無可永存者。

①政府之墮落腐化有兩途：

其一，政府之收縮，民治縮而貴族，而君主。「此乃自然趨勢」；反之則不可能。此語有謬，歷史為證。

其二，國家之解體也有二途；即主權由人民移至政府，則社約破而國亡；次治權為政府中部份人篡奪而國亡。

凡此二者發生，必有革命之發生。

②關於主權之保持（防止革命）：

「人民在定期的國民大會中，不應僅設立一個永久政府，也不主張以後不變更選舉官吏之方法……得不待通知，合法開會。」

在會議中有兩大問題先行付決：

第一，主權者願意保存現存政體否？

第二，人民願將行政權仍歸目前之官吏否？

其革命理念極為鄭重，政府變更甚危險，現行政府苟非與公眾福利絕不兩立，絕不能妄言更革。

(二)財產理念：

①財產觀念四次更動：初在第二編應徵文中攻擊私產，斥為禍

源；次在政治經濟論中，承認私產為可不侵犯之權利，社約因之而起，是極端個人主義；再次在社約論持團合主義，個人財產在國家中才成立，但國家之權大於個人。最後，在高錫加憲政芻議中，持社會主義，財產國有。

②財產權之胚胎－「優先佔用」

此在自然境域中，財產權尚未成立。必待契約訂立，人民將一切權力交付全體，再由主權者加以承認，分配個人。此時私產才成合法，始成權利。故照盧梭見解，不由暴力，而是優先佔用之原則，此有三大條件：

第一，所指土地必尚未被任何人居住。

第二，每人所佔面積，以能支持生存為限。

第三，擁有土地不能以空洞之儀式，必以勞力及耕耘。

③社會主義思想：

其所指財產似僅土地，土地根本國有，分配個人，但主權者有權重行分配。一言了之，「願國家財產儘量大，個人儘量少。」

㈢國民宗教：

國家無宗教不能久長，應由法律規定，人民共同信仰國民宗教。彼以宗教為國家附屬品，與霍布斯同。但本節後世斥為多餘，恐另有人作。

四、盧梭其他文字中的政治思想

081 論盧梭「愛彌兒」與「山中通信」兩書之政治理念

㈠愛彌兒(Emile，即教育論)

1762 年 5 月出版，小說體裁，立論與社約論迥異，為極端個人主義，讚美個人生活，多提社會少提國家。

「凡百事物，自自然出，無不完美，一入人手便成惡化。」

①教育理想有內外兩層：

其一，返乎自然，去除都市繁華與禮教，趨向林野追求原始自由。

其二，傾向消極，滅絕人為影響，使兒童在自然狀態中，自覺、自長、自進。

在愛彌中道德生活視為個人之創造，個人可離國家而過度，但在社約論中全視國家所賜。

愛彌兒幼時，即教以私產觀念及優先佔用之原則。

②盧梭所謂「自然」之意及其矛盾：

其心中未能解決者即何謂自然？人類應否順應自然？文物、制度、禮教、國家、法律……似違反自然，應否接受？

盧梭對此亦無答案。不知他生前是否思考這些？

論科學藝術中，認制度、法律、文化等絕不合自然。

論人間不平等中，人世間一切禍害爭戰，均人為不平等（私產）而起。社約論中，認政治社會雖違反自然，但人須脫離自

然，乃有美好生活與道德，如克服個別意志而趨向全意志等。愛彌兒書中，又視自然為一大宗師。

　　盧梭自知其自然觀念矛盾甚多，曰：「進退於自然及道理之間，予在永久矛盾中過活，而不為願為之事。」此書在法國引起「返乎自然運動。」在政治思想方面至今以個人主義著名，當推本文與應徵文。

㈡山中通信

　　彼因愛彌兒，社約論等書而流浪異國，1764 年乃提山中通信為辯解。主要論點在：

①此為彼首次接觸實際政治，彼為認識理論與事實之差距，但更為切身利害。

②信中使用歷史方法，論文佈置有序，決無瘋狂情緒。

③主權在民，政治與國家之別，治權根據被治者同意，至此才有實際運用。

④彼因受壓迫，政治思想意外得宣揚。

⑤觀念與傳統相異，常不相容於流俗，但思想之傳播永不止息。

082　論盧梭「科西嘉憲政芻議」與「波蘭政制議」兩文的政治理念

㈠科西嘉(Corsica)憲政芻議：

①唯實主義之表現：

　　約 1764 年受託，一年成著。彼著手搜集有關 Corsica 之地理人口、歷史、財政、司法、風俗、民族性等。可見彼未假定

政治上有萬靈丹。此與社約論謂工程師必先調查土壤符合。

②契約具體化之表現：

凡島上願為該國民者，須莊嚴之宣誓：

上帝昭鑒！予以神聖之宣誓，將予一切——身體、財產、意志、拋獻給科西嘉國……為國而死，為國而生……。

餘如主權在民，人類平等均重述之。且社會主義思想更濃厚。

良好民族性與政治制度有關，有則發揚，無則加以培植；或另有一法，「造成政體，以適合民族；或造成民族，適合政體。」

㈡波蘭政制議：

該國經 1772、1793、1795 年三次被瓜分。但早在 1769 年全國代表會通過議案，敦請法國 Mably 和盧梭代擬政制。此篇約在 1771~72 年間完成。該國背景複雜，採歷史方法，相對觀念、妥協精神等。

①邦聯合治：

「君等當擴充聯治政制，此係唯一政制，兼具大國與小國之利益，為貴國唯一適合之政制。」建議波蘭分三十三小邦，採如近代之邦聯。但暴政或國際爭戰仍是存在，補救之法「在同盟與聯治，使每個國家仍為自己之主人，武裝自己對抗外患，而不侵害主權。」

②人權、民權之擴張及農奴解放，採緩進主張：

「自由如一種補品，但須胃腸強健才能享用。……

若一批心中充滿奴性之人民，夢想一起反抗，便得自由，此

實可笑！自由之代價，相關法律之束縛其實甚於暴君。」

五、盧梭之貢獻與影響（社約論爲主論）

083　盧梭政治思想中幾個得思考之問題

㈠社約論之目的是否達到？擬數點以供探索。

①契約能否解釋國家起源？不能。自然境域乃幻想，其主旨恐在說明政治權之根據。

②契約能否解釋國家之性質？亦難。世間有那些國家能清楚明白說由契約形成？必竟國家不是公司。

③全意志能否解釋人民之自治？此看吾人之信仰與哲學。

能接受者：承認人有絕對自由意志，且人皆有獨立判斷思考之能力；

不能接受者：人受制於經濟、地理、心理及私心太多太大等，且政權總在少數。

④個人自由和國家權威如願調和？也未必。彼徹底主張個人自由，謂法律未經吾同意便無效力；又徹底主張國家權威，個人將一切交給全體，個人可「受強迫而自由」。二者將如何連貫。

⑤彼是否為個人爭到最大限量自由？難說。就強迫自由和國民宗教言，也證多數暴力可慮。

㈡彼是個人主義或團合主義？

①出發點，恐係個人。彼之一切著作均以個人為本，個人福利即全體所求之福利。個人為目的，團體為路由。

②「仁者見仁，智者見智」，法國革命乃借用社約論一語：
「各取所需」。杜驥明明斥為團合主義，亦曰：
「That Rousseau is a convinced individualist we cannot
deny.」、「Rousseau, the high priest of individualism.」服漢
曰：「It was just because he set so high a value upon individual
freedom the he found himself driven to bend the individual to the
sovereighty of the state.」
墨累則曰：起於個人主義，終於團合主義。

㈢盧梭之矛盾觀念：

①個人與團合主義，自然之宜順或反，契約為歷史事實經驗或
　只是一種假設？
②訂約時全部或部份自然權利之放棄，誰願放棄？若不放棄將
　如何？
③自然境域之能訂約，國家尚未成立，如何訂約？人之道德為
　何立國後才發生？
④主權在民，而須立法家，人知訂約而不知立法？
⑤人民之多數意志未必是全意志，全意志至少是多數意志。
　全意志永不誤，但人民決定常不能合理。
⑥政府非由契約而成，但政府篡權、國家隨亡，國家和政府總
　有不同！
⑦教育宗教為「人」為「民」，但兩者時而相背，時而相輔。
⑧一切合法政府必為共和，自由又非氣候之產品。

㈣彼思想有何永久價值？

彼所研究皆數千年來政治上的中心問題。如民本政治，主權

在民，政府工具，官吏公僕，法律同意，直接參政，大我意志都是偉大的政治原則。

084　盧梭政治思想對當代及後代之影響

㈠在當時：

法國革命多頌揚社約論，視為聖經。但史學家另有看法，法儒尚奈與拿破崙認為無盧梭便無革命，墨累則謂飢荒重稅。實都合理，蓋政治思想常有意外之影響。摩黎曰：The auther of a theory is not answerable for the applications which may be read into it by the passions of men and the exigencies of a violent class.

㈡從歷史事實看影響。

① 1789 年法國等級會議前，各地呈遞的「訴願書」已有社約論之原則。

②「何者為第三者」一書作者西耶士(Sieyes)均表示主權在民，且立法權不可分割，此為國民會議之決議。

③ 1789 年 8 月：一切階級，特殊權利，封建餘毒之廢止，均合盧梭無平等則無自由之論。

④ 1789 年之人權與民權宣言：「人們生而永自由、永平權」、「法律乃全意志之表示」，都與社約論有關。

⑤ 1791、1793、1795 等年之國家憲法，似合契約味道。主權在民原則並列入前後憲法中。

⑥除 1799 年憲法外，甚少削弱行政機關之權力，似應用盧梭之學理；教士階級之民憲將教權完全隸屬政權。

⑦聖鞠斯特(Saint Just)指陳路易十六之罪，破壞契約，應處死

刑，此自社約論脫胎。

⑧1794年公安委員會中通令，解放人民必將其「完全改造、劃去成見、更改習慣，限制所須，拔除惡毒，純潔其欲望。」此在波蘭政制議第四章有淵源可尋。

⑨各派革命領袖，如西耶士、丹敦(Danton)、馬拉(Marat)、聖鞠斯特等人均自信是盧梭學說之門人。

㈢對各國影響：

美國：1776年獨立宣言，要旨均相通。

英國，普來士(price)、普利斯特利(priestly)、佩因(pame)、葛德文(Godwin)思想都依據盧梭。

德國，唯心派以意志為本，以自由為目的。

第四章　十八世紀後半歐洲各派社會學說中之政治思想

一、社會道德、法律諸學說中的政治思想
二、經濟學說中之政治思想

一、社會、道德、法律諸學説中的政治思想

(一)法國方面

085　試述摩里歷與馬不里的政治思想

(一)摩里歷(Abbe Morelly，十八世紀中)：

著有人君(1751)、飄流島嶼(1753)、自然法典(1755)。其基本信仰在人性本善，如初民之自然良善。

①私產制度為一切禍源，共產為唯一返回自然之途徑：

「消滅私產，便能剷除一切自私，此後將不在有侵略、自衛而起的抗爭，不復有淫欲、暴行、惡念。」共產之三大根本大法：

其一，一切私產都要廢止，個人只取最低限度的日用品。

其二，人盡歸公，每人受公家雇用與酬報。

其三，各人視年齡能力為公服務，各盡本職，各取所需。

②自然法典是理想國家之教育：

子女五歲離父母，由公立教育機構訓育之，到十六歲歸父母可論婚嫁。教育之目的，在養成良善生活，質樸中庸，培養共產主義理念。

(二)馬不里(Abbe Mably，1709-1785)

著有談叢：論道德與政治之關係(1763)，對自然規範之疑問(1768)，論立法(1776)，餘已沒。其觀念與 Morelly 跡似，受 Rousseau 與 Plato 影響均大。彼將政治、道德混而為一。

①平等是基本觀念之一：

「一切立法，凡要犧牲一部份國民利益者，皆偏私而不公正。」

「人類賴以生存與快樂為平等，予結論：立法須集中於建設國民之產業平等，境遇平等。」

「私產制度成立，利益衝突起⋯⋯智慧沉淪，民風惡化隨之發生。」達成共產只有兩個途徑：立法、革命。

②不信任直接民治，主張混合政體：

立法權須付諸各階級所舉之代表，國家須有根本大法，此含有憲政精神。反對國家對外侵略，國民宗教必須設立。

086　論愛爾法修和費爾巴哈的政治思想。

(一)愛爾法修(Claude-Adrien Helvetius，1715~1771)：

①功利主義之先聲：

利益有公有私，有全體有個別。公利即私利之總和，個人利益滿足，始有公利之存在，政治社會之興起，法律是否適當，全視社會中樂利能實現到何種程度。邊泌之功利主義，彼早先一語道破。

②政體無絕對優劣，只分兩種：

1. 優良政體：其一，能發現並運用一切自然所持以節制人事之法則；其二，能使國民得到最大福利者。

2. 任何政體都有趨向專制之勢，專制之影響（徵兆）有四：其一，人民誇張，缺公正觀念；其二，勇敢精神開始墮落；其三，善德懿行敗壞；其四，專制政府易亡，且極難防。

③自由、法律、教育：

彼最重自由，包含容忍異說，出版自由，宗教自由。但教權須在政權之下。立法家亦備受推崇，法律須融合國家與個人之樂利。其對教育也重視，國家教育比家庭教育尤要，並補法律之不足。彼實百科全書派之代表，含有霍、洛、孟、盧諸家思想。

(二)費爾巴哈(Baron paul Heinrich Dietrich d' Holbach，1723~ 1789)：

彼亦百科全書派健將，著有自然之體系，自然政治、社會體

系等。其為無神論者，宇宙萬物都在自然規律規範下，自然以外絕無支配宇宙人事之意志。「破有害奇幻，納人類於自然、經驗、道理之域。」人當研究自然，知自然規律。

①自然主義：

「人捨經驗而信從幻想所生的種種制度，必敗。人乃自然之產品，人在自然中生存，受制自然規律。」宇宙萬象，自始即「物質」在「行動」。吾人認為自然，實不過每個學者主觀用語，以攻擊當時社會。

②不忽視道德，但徹底反對宗教：

道德須在自然主義之上，破除上帝，人才能建立是非、善惡、美醜之道德觀念，正如無上帝人仍要吃飯。

宗教使人弗問、愚昧無知，使人成上帝奴隸，強人服從暴君，禱告治病均是騙局，科學政治道德不進，導因對神靈之信仰。此言對教會及君權神論而發。

③政治、政體：

社會體系論君制政體及專制獨裁之別，在其權力是否有人民之同意根據；政治社會之起，在保障各人自由樂利，政治學之價值就在以利益昭示眾人。

(二)英國方面

087　試論英國十八世紀前半政治思想（兼論Boling-broke和Hume）。

㈠英國十八世紀前半政治思想：

尤在漢諾威(Hanover)朝代，George I 即位(1714)，到 1742 年 Walpole 去位之間，工業發達，城市文明興旺，社會尚稱小康局面。稱之「自滿時期」(period of Self-Complacency)或「滯阻時代」(Era of Stagnation)，其政治思想為沉悶空虛。但此時期尚有 Bolingbroke 和 Hume 值得一提。

㈡ Bolingbroke，1678~1751。

著有論政黨文，歷史之研究通信集、愛國君主觀。其文章華美，但攻擊政敵 Walpole 則理論上淺膚。惟愛國君主觀為要著。

①擁君主立憲

否認君權神授，擁護世襲君主政體，惟須立憲，使君權受限。" Will resbrain effectually a bad prince, without being ever felt as shackles by a good one."

②攻擊政黨，力詆派別(factions)之為害：

When a party is thus… Continued in the spirit of a faction, the corrupt and the infatuated members of it will act without any regard to right or wrong… If the wicked arts… prevail ,faction will be propagated thro the whole nation, an ill or well-grounded opposition will be the question no longer, and the contest among parties will be who shall govern, not how they shall be governed. In short, universal confusion will follow, and a complete victory, on any side, will enslave all sides.

㈢休謨(David Hume，1711~1776)

著有人性論、論文叢刊、哲學論文叢刊、政治談叢、自然宗教、英國史等。彼深信政治能成為一種科學。

①政治起源於滿足事實上的需要：

無法律，無執政官，無司法吏，以阻止強欺弱，暴橫者欺方正者，則人斷不能在社會中生活。歷來政府之形成與建立，也都持強力。

Almost all the governments which exist at present., ro of which these remains any record in story, have been founded originally on usurpation, or on conquest, or both, without any pretence of a fair consent or voluntary subjection of the people.

②意見(opinion)為人類之主權者：

但政府能依強制力統治，少數統治多數，端賴社會上流行之「意見」。無論君主、民治，一切政治須有意見方能保持存在。此為現代心理派政治思想之先聲。

餘如譏契約說之虛幻，政黨不可避免，國際貿易應自由等，足證彼之精卓。

088　論布朗(John Brown，1715~1766)政治思想

英國到了十八世紀後半，政治思想開始澎湃，因素有二：其一，受法國學說影響－尤推孟、盧諸人。其二，在政治現實環境

上，殖民政策惹人注意，七年戰爭，新大陸十三州問題。

㈠ Walpole 執政二十年之政治腐敗，是其思想背景：

名著當代風尚與思想之評估在當時風行一時，痛詆國人思想與風尚，一切政治、宗教、社會、軍事、教育、民風……無一倖免。批判當時社會：不重人道，奴性殘暴，自私女氣，不重公德。當時政治則濫竽竊位，賄賂公行。軍官武士則貪酣逸樂，不能振拔。兒童教育祇知名詞不知實物，教員尸位素餐不負責任。少年留學外國，遺亡祖國文化。

美國革命領袖傑佛遜(Jefferson)有文詳述當時少年留學英歐之害：

「Let us view the disadvantages of sending a youth to Europe. To enumercate them all would reguire a Volume…. If he goes to Europe, he learns drinking, horse-racing, and boxing. These are the peculiarities of English education. … He acquires a fondness of European luxury and dissipation, and a contempt for the simplicity of his own country; … 」「He recollects the voluptuary dress and acts of the European women, and pities and despises the chaste affections and simplicity of those of his own country. 」

㈡「草上之風必偃」－西方的少數，人治色彩：

「高階層政治人士之風尚與思想，永久判定一個國家之強弱存亡。」在西方政治思想家中，在法律制度之外，重視執政者風尚與思想者，除希臘學者外，殊不多見。國欲有禮義廉恥，自執政者始。

每一族國內部最可靠的基本力量有三：領袖階級之能力、勇

氣與團結。

㈢挽救當時社會之方法－返乎自然：

崇尚儉約，生活簡單，提倡名節，獎勵勇武，培植道德，尤其改造在上位者。

政治方面，其領導階層要有碩德之士出任，樹立風聲，做社會，人民之模範。

089 試論普里斯特利和普來士政治思想

㈠普里斯特利(Joseph priestly, 1733~1804)：

英國自設立國立教會(The Established church)後，立異派(Non-Conformists)備受壓迫與限制，但此派「七十年來存在而未受政府承認」。Priestly 為此派思想代表。著政府之基本原理論。

①彼之中心理論－最大多數之福樂。

國家一切事物取決之標準：國民多數之福利安樂。此一通則若經吾人了解，則政治學、道德學、宗教學……乃能大放光明。

此為自然權利，是公益。是非善惡公正與否，取決於此。

本此原則，彼反對政府干涉，同情人民革命。主權在民，官吏為公僕，若政府侵犯人民尋求快樂的自然權利，人民可以革命，變更政府，其有名言，可視「普遍政治」基本原理之一。

In all cases of dissatisfaction with government, it is most probable that the people are injured.

Every government is in its original principles, and antecedent to its present form, an equal republic.

②自由：

設國立教會，統一教義，規定祈禱方式等，都干涉人民信仰自由。人性之美，正在其歧異而豐富，故生活不必一致，雅典優於斯巴達者是。即教育，也不能由國家壟斷，致思想文化一致，埋沒個性奇才。

㈡普來士(Dr. Richard Price, 1723~1791)：

宗師孟、盧，著觀察國民自由之性質、觀察續述、美利堅革命重要性之觀察。

①自由與法治，平等：

所謂平等，是權利上的平等，人生而平等，平等是工具。

人生而自由，自由是目的。所謂自由，是「不侵犯他人，亦不受侵犯」，這是普遍真確之原理。即自己指揮自己或自治；就國家言，自己訂定法律，自己治理，不受制外力。

光有法治不是自由，法律必由自己（國）意志決定並執行遵守，才是真自由。

若人民喪失自由，而統治者又專權腐敗，不願恢復人民之自由，人民有革命權力以恢復之。

②政府不管，主權在民：

「政府是為被治者而設，故人民有權隨意變更政體。」政府在保護人民自由，故政府應遵守放任主義，除非個人自由侵犯到他人自由時，否則政府永不加干涉。主權在民，不在巴力門。

The members of a civil community are confederates not subjects; and their rulers, servants, not masters, and… all legitimate government consists is the dominion of equal laws made with common consent.

Priestly 和 Price 可稱「盧梭在英國之門徒」，彼等缺點，在

缺歷史觀念，誤認政府乃意志所能建立或推翻。

090　論布拉克斯吞(William Blakstone，1723~1780)政治思想

彼能融合新舊思想，十九世紀亦算有名思想家。著英國法之評註，在 19 世紀美國法院引用極多，可見他的影響力。

㈠彼在政治思想史上有地位之原因：

其一，能代表當時最傳統普遍的老保守黨(Old Tory)嫡派之學說，使其得幾分理論上之生氣；其二，融新舊學說於一灶，以舊信仰為基礎，新理論為裝飾，亦有新意。

㈡何者為法？

「指一種動作的規律」、「在上者所訂而在下所當服從的，一項動作之規律。」宇宙萬象各有其法。法可分三類：

①自然法：上帝所訂，宇宙萬象眾生必須順從之規律。

②神命法：自然法之一部份，專用於人類。

③人為法：國家訂立之法。

彼持一元思想，以上帝為一切之本，人為法須合自然法和神命法，否則無效。其含「返乎自然」論。

㈢對社會、國家、政府無明顯區別：

社會基於慾望與恐懼，「The only true and natural foundation of society are the wants and fears of individuals.」

國家是無數個人組成之團合體，動機在求安全與便利。國家無契約歷史，但有契約性質。

政府，負責實施國家起源後所產生的職能，且為主權所在。此似早期奧斯丁(John Austin)法律主權之先聲：Sovereignty and legislature are indeed convertible terms: one cannot subsist without the other.

(四)完美政體之條件：智善力－英國為例：

完美政體必具三條件：智(wisdom)、善(goodness)、力(power)。也是主權的自然基礎，君主政體有力，貴族政體有智，民治政體為善。此甚值深思之。

英國政體合此三者故為最佳，即英王、貴族院、平民院。苟有其一為不利，必為另二者反對。此混合政體及製衡論之餘說也。彼用名詞概念雖同，但政治事實恐已不同。

檢視布氏思想，恐受時代，環境所限，盲點頗多，如說「自然法」是上帝所訂，這是主觀想像，而言眾生必須服從，其道理何在？

再者，國家、社會、政府三者，在布氏無明顯差別，亦見其思想深度不夠。

091　試論弗格森(Adam Eergusen，1723~1816)政治思想

著政治社會史、道德哲學、羅馬共和國興亡史、道德與政治學之原理。為實在、經驗的社會學之政治理論。

(一)自然主義為全部思想基礎：

自然之為物，必從觀察事實中歸納出來，從歷史經驗中求真

相，不許參入主觀成見。善惡美醜、愛恨情仇、聚散離合、戰爭和平、民主君主……都是自然。凡是事實，都是自然。彼相信自然有其不變法則，有整一之和諧，人類歷史不斷進化。

人類的政治社會也受自然支配，如歷史、環境、地理、氣候、習慣等，此似「偶然主義」(Accidentalism)，此亦同受唯心唯物之拒絕。但偶然可能是人類歷史的一大條件，如白麥士(Bryce)曰：That which we can chance-it is the only available-has had more to do with the course of events than the builders of scientific history would have generally liked to recognize.

㈡進化乃人性之必然，抗爭才有自由、進步。

「人類自始便在社團中飄流尋食，時或集居和平，時或抗爭。」此非理論，而是人性之必然。社會此名詞，可指家庭、部落、民族、帝國，好動求變為進化動力，發展停止則歸腐化消滅。

人類社會的種種衝突抗爭，亦視為進步。「無民族之頡抗，無戰爭之流行，則政治社會本身將失其目的與形式。」獨立團體間的頡頏，自由民眾之紛擾，乃政治生活之原理與教育人類之學校。

自由乃抗爭得來，良善法律為各派間反對修正之調和結果。彼認衝突與和諧同是自然，衝突結果是和諧，和諧中有衝突，此與霍布斯不同。

㈢國家特質及起源：

其特質為掌握權力分配。起源於事實須要，如倚賴合作，各種不平等、戰爭、商業、安全及本能的出令與受令。

政體無絕對優劣，視環境而定，優劣之分野不在組織與形式，而在是否盡職，此與杜驥倡「社會團結」「為公服務」頗多暗合。

㈣政府之目的。

國防、司法、富裕為政府最重要之目的，財產工商應受法律保護，人雖有智力性的不平等，但發展機會應平等。彼雖不否認革命權利，卻倡緩進調和：如住宅，危牆可逐漸修理，勿將大樑一時取去太多；論政府，勿摧之過甚，使良民受暴徒欺凌，失去保護。

㈢大陸方面

092　論得羅爾謨、柏卡里亞、飛蘭哲里三人之政治思想

㈠得羅爾謨(Jean de Lolme 或 Deloime, 1740~1806)

①瑞士日內瓦人，機械論政治學家：

視政治如機器，官位與人物均為固定的機件，全視立法者如何訂制度，安排置其機件而已。其太重形式制度可知。

②頌揚英憲，權力之平衡：

其認英憲之妙在：凡非法律所禁止者即為法律所認可，而歐洲凡非法律所認可者便加禁止。

政治制度中，君主、貴族（上院）、平民（下院）三者均衡，正如機器之運轉靈活。

The different parts of the English government… balance each other… and… their reciprocal actions and reactions produce the freedom of the constitution, which is no more than an equilibrium between the ruling powers of the state.

彼信仰機械論，故不信民眾之政治能力，自私本為人性，教育有限，不足以言全民政治。

㈡ 柏卡里亞(Marquis Ceasare Bonesana Beccaria 1735~1794)：

義大利之貴族，首開司法與刑法改革之先聲。著論犯罪與刑罰、財政初論。初為重商派，繼為重農派。

①政治哲學方面：功利主義者。

自愛自利乃人類之基本動機。「求樂避苦是一切有知覺性動物之唯一原動力。」故「無我為人」世間無有，實在是空言神話，然自利要有限制。

國家之起源的動機與目的，都是實現樂利；國家不能帶給人民利樂，便無存在理由。

法律之目的有三：消極方面阻止過度私利行為，積極方面保障合度的自利行為，再者促進「最大數人之最多量樂。」

②改良刑法的具體主張，重要有：

1. 法律條文之確定。「應使法律條文簡單明顯，使人畏法。」先叫人清楚明白，才能使人畏法。

2. 訴訟手續之公平。不分貴賤貧富均受法律同等待遇，廢止秘告，審判公開。

3. 刑罰之減輕。超過必要便是暴政，人民有權變更之，剷除

非刑，反對死刑。

4. 犯罪之防止。預先防止為佳，已犯再罰便是不公正。「防罪勝於治罪。防罪是善良立法的基本原則，為使人民得最大樂最小苦之藝術。」

㈢飛蘭哲里(Gaetano Filangieri, 1752~1788)

義大利、拿不勒斯人，著有立法學。有自由平等，自由貿易思想。其政論有兩點較新穎：

①抨擊英憲，詆毀混合政體。理由有三：行政機關地位太高近於獨立，君王對議會尚有操縱之危險，憲法欠穩定性。

②讚美美國政制，尤推崇烹恩(William Penn)。後相信理想社會終必實現，戰爭衝突將一去不返。

二、經濟學說中之政治思想

㈠重商學派

093　試論歐洲十八世紀後半重商主義(Mercantilism 或 Colbertism)

㈠背景：

此派大多數學者因鑒於當日政府財政困難，引起對賦稅、商務、工業、價值、利息，進而對財富性質之研究。「錢幣經濟」開始發達，金銀乃受重視，政府干涉與指導為一時之需。富強乃成標語。其始於十六世紀，盛於十七世紀，十八世紀中葉而衰。

重要學者有：Serra、William petty、Mun、Josiah child、Dudley North、Davenant、James steuart。此期間，西班牙、荷蘭、法國、英國、德國莫不爭求開拓外貿、吸收金銀、置國家富強。無不由國家立法干涉。

㈡中心思想有二：

①視金銀為財富：petty、mun、child 均重此說。洛克亦曰金銀能號召生活之一切便利，故求富裕在求金銀。

②倡貿易之出要大於入：

如petty曰：外貿之增加為吾國富藏之法，當極獎勵。人主之收入、君國榮譽、商人偉大、海軍養育、疆土捍衛、戰爭實力等，都有賴外貿之「出超」。

㈢政治哲學：

①國內政策：視民為子保姆主義，子民之飢寒安全都賴父母，寓有專制主義；視工商經濟均受法律干涉，只有君國富強，無個人自由，又寓有國家主義(statism)。

②外國政策：發展商業，開疆拓土，增加屬地，軍備競賽。是一種「損人利己」之獨榮，非共有共榮之互助。為一富強主義，或經濟上的族國主義。

③哲學基礎：是唯物論。

此一學派之缺失，政治上政府的太過干涉，國際上則此利彼損。政治以經濟為中心，用統計為治學方法，如 Davenant 曰：By political arithrnetic we mean the art of reasoning by figures open things relating to government.

也是一種貢獻。

㈡重農學派

094　試論歐洲十八世紀後半重農學派(physiocrats)

㈠背景：

此派純是法國產物，因見封建壓迫，賦稅重，工商不振，勞力生產者不能自給，怠惰者反而良田萬頃，其盛約自 1750~1800 年。此派與亞丹斯密的經濟思想同為匯成法國革命之一大支流。其學者都是經濟學家或政治實行家。如 Quesnay、The elder Mirabeau、Du pond de Nemours、Mercier de la Riviere、Turgot、Le Trosne、Abbe Baudeau、Saint peravy。

此派之起，有法國自身社會問題為動因，也是反抗重商政策之思想。

㈡基本思想：自然規範：

①首創「政治經濟學」，僅為政治哲學之一部份。

②以自然權利、自由、個人主義為口號，故也帶動革命巨浪。

③基本哲學是自然規範(ordre naturel)。何者之謂：

Riviere曰：如宇宙之一部份，非人類之作品，乃大自然所創造。

Nemours 曰：自然社會博學者能知，野人亦明瞭。

故所謂自然規範，與洛、盧等人言「自然境域」不同，其指自然法則之總和，上帝專為人類規定，秩序、制度、原則，而為人類應遵守。人不能創造法律，一切過多人為法律限制皆應取

消。

④自然權利：指生命、自由、財產三者，構成「政治社會之自然基本規範。」且財產是個人的自然權利，國家不得過問，此亦經濟個人主義之根據。

⑤地主應盡義務(Riviere)：財富當兼顧全國利益，並用餘力服務社會；擔負全部賦稅重量，保護農民，不事過取。

⑥推崇專制獨裁、世襲君主，主張無為、放任：

Laissez-faire 乃本 Laissez-vous faire, lessez vous passer 句而來，為 Turgot、Gournay 等人創用。均假定自利獨樂為人之本性，各人之滿足，即全體社會幸福之增進。政府之權力要大而不用，使無為放任。

(三)特殊貢獻－經濟學說：有三：

①純產(produit net)：指土地之所出，即農夫種植所得，以價值論超過為土地之花費或植耕之花費的一切資本，此即「純產」，實即「剩餘」。其他木業、金屬都由此土地而來。以土地為一切財產之源，一反重商之金銀說。

②自由貿易競爭：土地之純產，全賴能有善價(Bon prix)，重在貴價。

欲得貴價，應有自由放任政策，尤在國內。此在今日已失意義，但當日為解除束縛之根據。

③實行單一稅(Impot unique)：君主須要建設，但向誰徵稅呢？能生純產唯有土地，故只有地主有力承擔，其他農夫、工匠等所得僅夠消費。此派辯護私產，有土地者負大責任。

此派學說之起，有其時代性之貢獻。在政治思想上的貢獻則

有：自然權利論對抗暴政；自然規範說指出法的根本因素，非僅頒佈執行；放任主義力排政府過多干涉。

㈢亞當史密斯(Adam Smith, 1723～1790)

彼長於蘇格蘭家庭中，為中產階級之代表。其時代蒸汽機、紡紗機、水力機次第發明，英國漸失其重農政策。此時工商繁榮，資本澎漲。彼順此潮流，政治與經濟思想均不外打破束縛，要求自由。其理論、原則也為工商、資本及中產階級謀出路，覓根據。著有：論德性、法學演講稿、原富。

095 試論亞當史斯密在政治思想史上的含義及其德性論

㈠彼在政治思想史上的三大含義：

①代表政治與經濟的併合趨勢：並從工業革命後，經濟成為政治中心，彼為此轉變之重要人物。He suggested "value as a measure for human motive" and made money the standard of this measure… The motive of man's action was in a greater mumber of instances economic… Economic freedom was therefore, as essential to man as political freedom.

②標誌人類爭自由之界石：

馬丁路德爭宗教自由；盧梭爭政治自由；亞當史斯密爭經濟自由。

③討探實際政治與具體問題：如政府職務、稅收、賦稅、國用、司法、國防。與往者重理論、形式不同。

㈡德性論書中之政治理念：

①研究政治，先研究人性：自私→同情：

自利是人性中最大支配力量，人人各圖其利，各圖其福。此為極可頌揚之行為原則：Every man is by nature first and principally recommended to his own care.

但自利而不生衝突，則賴同情，此人人皆有。自私為己，同情為人，政治社會能長治久安賴此二者。

②是非善惡，優劣曲直，乃同情之擴充：

「人」對「己」之感覺評定如何！正由吾自知「己」對「人」亦同。

③政府之起：於功利動機與自然需要，否則人人各欲解決紛爭而得公平公正，非有獨立機關不可。

彼有重農學派「自然規範」思想，以為政治社會一切均受自然規律支配。眾生各為其利，結果全體福利亦實現。

096　試論亞當史密斯「法學講演稿」要義

本文於亞氏死後 120 年，才被坎倫(Cannan)於 1896 年發現輯印。全篇論及政府職能，旁及政府起源與性質。

㈠政府職能：即法律四大目的，公正、警察、歲入、軍備。

公正之目的在安全，此為民政基礎。彼又將民眾分「人」、

「家庭份子」、「國民」三種地位，而分法律為私法、家庭、公法。

警察之目的在求物價低賤，維持公共治安。

歲入維持民政，討論賦稅之良政。

軍備禦外，討論民兵、常備軍制度。

㈡進入民政社會之原理：權威與功利：

①權威：能使人有統治別人的權威似有四，年齒較長、力智較強、門第較高、財富較高。

②功利：弱者之所以得到保護有賴民政制度之存在，人所以情願服從，是為避免較大禍害。「財產與政府有密切利賴」。

The appropriation of herds and flock… first gave use to regular government.

㈢政府之原始目的：鞏固財富，為富禦貧：

此與洛克絕似，彼曰：Government has no other end but the preservation of property.

亞當史密斯在原富中表示相同意見：Civil government, so far as it is instituted for the security of property, is in reality instituted for the defence of the rich against the pros.

彼同意暴君可殺，主權在民，深惡政客官僚。

末段講國際關係，和平、戰爭等，應由政府負責。

097　試論亞當史密斯之哲學基礎

㈠人性自利是事實不是理論：

自利非主義，非理想，乃現象，乃定律。鳥不相易蟲，猿不

相易果……交易之事惟人能為之。人，自營之蟲也。

更重要的，彼認自利適足以利眾，此「自然規範」實與重農學派同。

「各適己事而群之事大利，各行其私而公利存焉，故曰任民自趨為最有利之途，治國者可不勞而財生。」

自彼視之，公利與私利直一體二面，自然規範之存在為大家共見共識。

㈡但亞氏也有懷疑與暗示：

彼已有暗示，自利足特否？己所謂真利是否利於己？

其一，人未必知一己真利之所在，自利之行又似視民智國俗之程度。

其二，彼攻擊殖民政策，則公利即私利可，私利即公利乃欠周圓。

其三，個人私利有時未與全體吻合，團體私利更有與國家公利相反，如教會與政府關係。

由此觀之，彼德性論所述及自然規範豈不千孔百洞。如資本家與工人，實業家與公眾，商人與顧客，雇主與學徒，其利益常相左：

This in only a partial list of the defects in the natural order, even when left to take it own natural course, which Sanith points out, though it would suffice to provide ammunition for several socialist orations.

㈢原富書中亦明言人定勝天，法律有效。

歐洲政俗，工賈之優於田農，乃國家政令使然。

國之貧富不齊，大抵出於人事而不出自然。彼贊成國定利

率，即承認法律可以矯正自然。

　　總之，人性自利是其人性觀，自然規範是其宇宙觀，彼之放任與競爭都是起於功利之動機。達福樂之目的。

098　試論原富之具體主張：政府消極放任，個人積極競爭。

㈠政府之放任與職責：

①政府亦非無事，其大責有三：一曰禦外侮，使民勿受外敵侵奪其生命財產；二曰禁民非，用公正之法保障弱者；三曰圖國功，指國家大建設，非一黨一家所能完成。無此三者則侵民自由而害生，但此三者所費賦稅便不少。其論國家之費有四：

守國之費

治獄之費

便民之費 ——又分三支→ 通商之費／勵學之費

奉君之費 設教之費

②經濟上的放任主義，與法國的重農學派吻合：

　　毀自然之局，未有能利其國；任自然則民自為謀而合之於國則大利，束縛干涉之法令盡去，則民自能為最佳選擇，國助不如民自助。但政府「為其所當為者」不視為矛盾，如彼主張強迫義務教育，貧賤小民失學……國家以有限之財，使民有無窮之益，子女成年父母送之入學，令而不從罰之可也。

③宗教放任：

　　以放任為經常，干涉為權宜。諸宗教一視同仁，國家只令諸教並行，聽民自擇，無相侵擾可也。

彼之放任與干涉為相對,非絕對也。為反抗重商主義之束縛,乃用抽象之放任原則。

(二)個人與團體的自由競爭:

此競必在公平場合之下,然後爭者才能各展所長而無偏倚。政府的最低職責就在維持此公平場合。此一觀念在其經濟學說中流露最多。對宗教也持同樣觀念,「萬物之理,勢平則善者自留,劣者自去。」

此與「適者生存,優勝劣敗」之論相似。此種理論影響西方民主政治之發展,乃至世界潮流、思想至鉅,至今仍是。

099　論亞當史密斯對財產、政府、社會與殖民政策之主張

(一)國家政府之起:財產與個人能力:

①財產:理官之設與恒產始終相關,畋漁之民無恒產,故無理官刑憲之用。事關恒產,則有爭奪侵凌之事,賴君上以持其平。故恒產愈多愈須要明刑行法,財產愈少望治愈微。

②治人與治於人的權力支配:民之有上下貴賤,因德、齒、富、世四大因素。有了貴賤便要刑章,否則天下永不安寧。

(二)彼亦論及私產不公。而與結論相左,何故?

其一,分工與私產均基於人性與自然,「進化秉於自然,循序不可躐。」

其二,人之快樂在內心不在身外。

其三,彼所求恐不在國家之富,而在每人之富(per capital wealth)。

其四，政府放任與個人競爭可使「物得其平」，減少貧富懸殊。

其五，不為王侯將相辯護。

在法學演講中彼暗示私產不公：Ina civilized society there is division of labor, work none at all. The division of opulence is not according to the work. The opulence of the merchant is greater than that of all his clerks, though he works less… Thus he who as it were bears the burden of society, has the fewest advantages.

財富之生即由工作，而工作定義全指勞力（與勞心對），豈不成馬克斯的宣傳資料。

㈢一掃俗見，主張放棄殖民地：

自經濟（國際貿易）視之，殖民地通商限於祖國，則其產品在祖國廉而在他國貴，必使生產降低，第三國亦受影響。

自政治視之，祖國有事靠屬地支援甚難，幾乎不可能，其安全反賴祖國維護。

自倫理視之，彼稱美希臘、羅馬的殖民政策，不以君臣臨之，而如父子，有守望相助之惠，使制度憲章任其自為。

亞氏原富（或譯國富論）一書，數百年來都是資本主義聖經，至今仍是。但資本主義發展到廿世紀末，全球幾乎面臨嚴重的貧富兩極化。此與亞氏說減少貧富懸殊，始料未及也！

100　總評亞當史密斯的學說

大體並無矛盾，宇宙和諧，一切由上帝安排，社會為一自然規範；對於人性則利與同情相調和，使人、我之間共榮共存。政

治因於功利，政府職務有限，政策放任；法律則少為貴並順自然。

(一)自方法論觀之：

①重觀察，輔以歷史，如分工說與價值論。

②多常識，少理智，如辯商賈曰：農工商賈四業不可偏廢，亡其一則三者不能獨存；亂其一則三者不可獨治。

③為實在主義，非唯心或唯理，蓋彼以心理及事實解釋政治。

④由自然主義而得樂觀精神，亦為個人主義者。

(二)評其社會哲學有：

①倫理方面之欠缺：其以自利為行為「原理」，吾人以為人性善惡是科學問題，不必先有假定。彼所察不過一些現象與事實，尚非「普遍定律」。

②偏袒資本家而輕勞工：彼認快樂與財產並無密切關係，資本主義日後為害彼恐不知，拉斯基責之：the manufacturers were the state; and the whole intellectual strength of economics was massed to prove the rightness of the equation.

③自由觀念太消極：政府不干涉便是自由，殊不知自由是政府統治及法治下的產物，無業乞兒或魯濱遜何來自由？

④國家職務僅以防外侮，止內亂為限：其他物質與文化建設甚少提及。

(三)正面貢獻亦不少：

除前面所提，尚有：

①經濟自由：此今日之方向有異，但動機精神則一。

②反抗保姆政府。

③破除立法迷信：法律並非只要形式，尚有條件與原素。

④堅持政治經濟一切現象中都有定律存在：雖難求，但存在無疑。

第五章　美法革命之政治理論

一、美法兩革命在事實與理論之連帶與重要
二、美利堅革命之政治理論
三、法蘭西革命之政治理論
四、美法革命之影響與貢獻

一、美法兩革命在事實與理論之連帶與重要

101　試論美法革命在事實與理論之連帶關係與重要

㈠革命第五因素：

　　法儒雷朋謂革命四大因素：觀念、領袖、軍隊、群眾。吾人認為有第五因素－「偶然」。

　　假定：

| 舊政不改 | —　得　當　→ | 反抗叛亂不能免。 |

| 舊政不改。 | 洛盧百重亞當斯
克梭科農密 | 附會命定
曲解歷史 | 必引起美法革命。 |

法國革命前社會未如傳統言之惡劣，美十三州初並無獨立之心，革命之起「偶然」更甚。

理論與事實差距大，美國宣人類平等而黑奴未解放，法國除暴君反君主，然不久有拿破崙稱皇。

(二)三大革命的相互影響：

①英國 1688 年光榮革命，其洛克學說及代議制度，均影響法國學者（孟、盧及百科派）。十三州殖民更得衣鉢真傳。

②美之獨立，借重洛、盧學說，自成一套政治制度。如 John Adams 的著作及 Hamilton 等人的聯治論。

③法國「1789 之原理」也易被英美接受，英人重自由平等，美人覺同舟共濟。④物極必反，過度而趨反動。美英法都有。

(三)美法革命重在相同處：

①激蕩民治運動而助其傳播。

②表現中流社會之起握治權。

③促進成文憲法之普遍。

④暗合民族主義之初興。

二、美利堅革命之政治理論

102　試論美利堅革命理論之背景因由及步驟

(一)革命之起於何時：

直接激起革命應在喬佐三世於七年戰爭(1756~1763)後從事的積極干涉政策。

1764 年巴力門通過糖稅律。形成九州之「印花稅律會律」。

1765 年通過印花稅律。

1767 年通過 Townshend Acts，收玻璃茶葉稅。

殖民地一再反彈，有 1770 的波士頓屠殺，1773 的波士頓茶會。凡此，引起極大民怨，而統治者一意孤行。

1775 年英訂頒五大昏律，殖民地則通過權利宣言及聯會聲明，這已是殖民地人民的最後「警告」。

1776 年七月四日獨立宣言已如箭在弦。

㈡革命理論分消極反抗與積極革命兩步驟，分五期：

①第一期（1760~1763 年），喬佐三世即位，因航運律等引起之反抗：

如麻省之辨白，亨利關於牧師付薪之辯駁。

②第二期(1764~1766)，因糖稅律與印花稅律引起之反抗：

有奧替斯「殖民地權利舉證」，霍布金斯「殖民地權利探究。」

雕蘭內「論英為增裕國庫在殖民地徵稅是否適當。」

Virginia 州關於印花稅律之決議。

③第三期(1767~1773)Townshend Acts 後之反抗：

笛肯生「一位農夫之公開信」，Samuel Adams「殖民之權利」。

④第四期(1774~1775)由五大昏律而起：

Jefferson「英屬美洲之權利」，James Wilson「論巴力門之權威」。笛肯生「英憲對殖民地之權力」，第一次全洲會議宣言。

John Adams「新英人」。

⑤第五期(1775~1781)由獨立到邦聯：

「武力抵抗之理由宣言」，佩因「常識」及「美之危機」，維州與賓州憲法，邦聯約章。

㈢綜合反抗到革命之論，不外四大根據：

①殖民州之憲章(charters)。

②英國之不成文憲法。

③自然法乃自然權利。

④神命法及上帝賦予人類之權利。

103 美利堅革命在根據憲政之論上的消極反抗上，有那些個人論者？

㈠奧替斯，「殖民地之權利舉證」：

上帝賦予人類，非任何人主能剝奪，此「自然自由」。即英憲精神。美洲殖民也是人類，應與歐洲人同享自然權利。巴力門也不能違反。稅不分，內稅外稅都應經殖民政府立法，英政府不得強徵稅。納稅必經代議，此大憲章之原則。

㈡ John Dickinson，「一位農夫的公開信」：

堅持和平合法之途徑。「殖民為一整個之部份……機關還在巴力門。」不論內稅外稅，巴力門不能徵收。吾人應自視為基督自由人……同一權利安危……殖民州結合成一政治團體，殖民州為此團體構成份子。）

其聯治、獨立觀念漸成。

㈢ Samuel Adams，「殖民之權利」：

世稱「革命之父」，此篇已為整個革命理論，要義在堅持英憲本於自然法，故巴力門違憲處應自行取消。全篇三段：

①殖民處於人的地位之自然權利。自然第一原則是自衛自存，故自然權利以生命、自由、財產及維護此三者之權利最根本。政府因保衛此三者而起，是「社會之榮顯公僕」。

②殖民處基督教之地位之權利，無足論。

③殖民處英國百姓地位之權利。其一，國家首在設置立法權及自然法之維護與保存。其二，立法機關對人民財產生命無絕對任意處分權。其三，人民財產不經本身或代表同意，不受剝奪。

彼謂無代表之權利，便無納稅之義務。縱有代表，也因地理位置難有真實代表。

㈣ James Wilson，「論巴力門之權威」：

①「一切合法政府基於被治人的同意，其目的在保障人民之福樂。」社會福利是任何政府之第一根本大法。

②駁斥「巴力門有全權處置殖民一切事物權，永不犯錯，事事公正」之說。其議員同是肉體凡人。殖民無一代表，以英憲言，不受管轄。

③申明「從服英王，而非國會」。英王有宣戰、媾和、行約之權。而服從國會則無根據。

④美、英地位相等。同在一個君王下帝國的平等份子。

㈤ John Adams，「新英人」：

反抗暴政，甚至動武，不是叛亂。反抗目的非脫離英王獨立，在恢復殖民應有權利。美非王土，巴力門中無代議，相距又遠。均無根據。彼中心論點為「自主地論」：其一，殖民州不屬「不列顛帝國」，其與英吉利、蘇格蘭之立法方式不同。其二，英憲是君主貴族與平民之混合政體，今殖民州無代表，而謂根據英憲受制巴力門，矛盾。

其三，再看萬國法，謂祖國有管殖民全權，訴諸歷史希臘、羅馬實不盡然。

104 美利堅革命（獨立前）殖民所持憲法論辯之分析與評估

殖民依持憲法精神和法律規定，用以違抗法令，拒絕納稅，可分五點論述之：

㈠抽象立法權與具體法律必以被治者之同意為基楚：

以巴力門而為美洲之立法機關，及徵稅之法律均未得殖民同意。此為一切憲法最大原則。

㈡「有稅負而無代議」乃牴觸英憲之精神。

自 1215 年之大憲章後，納稅必經代議為天經地義之事。英人 Camden 說 Taxation and representation are inseparably united; God has joined them, no British parliament can separate them.

㈢內稅與外稅有別：

巴力門得為貿易管理而課關稅，但不能為充裕國庫而徵內稅。殖民初似承認，後來爭執愈烈，乃將此貿易管理之權移至英王，後又從英王特權移至契約與同意。

㈣美洲殖民應服從在英王下，而不在巴力門統治下。

殖民初似承認，後因巴力門宣稱得處置殖民一切事務，乃進而否認服從巴力門之任何義務。

佛蘭克林：that parliament has a power to make all laws for us, or that it has a power to make no laws for us.此兩見解極端，彼傾向後者。

㈤殖民美洲非不列顛帝國或「王土」之一部份，故不受巴力門統治。而是直接在英王之下的「自主地」。

「自主地」一詞當日未用，但即如今日的愛爾蘭地位。

小結：殖民之反抗論，實是獨立與革命運動中一大勢力。

105　美利堅革命自積極革命起，其根據法源之自辯為何？

㈠獨立宣言：

① 1775 年 6 月 4 日「武力抗拒之理由宣言」：

　1.猶以巴力門為攻擊之目標。

　2.猶以憲法為抗拒之根據。

　3.猶否認圖謀獨立之野心。

4.猶以「恢復固有聯合」為唯一宗旨。

②但 1776 年 7 月 4 日「獨立宣言」已另開天地。

吾人深信下列為真理：人民生而平等，任何人皆受自上帝不可割棄之權利，乃生命、自由、快樂；為保障此權利乃設政府，政府之公正權利得自被治者之同意。

任何政體破壞上述目的，人民可變更或廢棄之另建新政府。

㈡各邦宣言與憲法：

① George Mason 擬的維吉尼亞權利宣言(1776.6.12)：

一切人們本自然而平等地自由與獨立，且有若干固有權利……生命、自由、財產及快樂與安寧。

一切權力屬於人民，官吏受人民之托，永向人民負責。

政府之建立，為人民、民族、社團之共同利益、防衛與安全……能之者為最優政府。此極與獨立宣言同。

②麻薩諸塞邦憲(1780)：

政治團體由無數個人自願結合而成，此為一項契約。

③ North Carolina：一切政治權力屬人民，亦取自人民。

④ New Hampshire 邦憲：一切合法攻府均原始於人民。

政府基於契約、同意、保障自然權利已被接受；反之可革命。

106　論佩因(Thomes Paine, 1737~1809)的政治思想

英人，而參加美法兩革命。名著「常識」旨在鼓吹革命獨立，另著有：林樵信札、美之危機、政府論究、人權、反君政論、政府基本原理之論究、田農政策、道理時代。

㈠政治學、國家與政府、社會、主權：

①政府之治理學，受有意者之播弄而陷於神祕，實為一切事物中最不神秘者，最易了解者。人人與政府息息相關。

②彼對「國家、政府、社會」常混用。

先有社會後有國家，人在自然境域中權利平等，但權力不平等。為求權力之平等，乃有設政府，訂法律。社會無論在何境域，乃一幸福；而政府，始終是一禍患。政府如衣裳，天真墮落之標幟。政府只有職責而無權利，其目的在公益與樂群。政府消亡，社會乃是存在的。言下之意，可大膽去革命。

③主權應在政府（註：應作國家），共和中屬人民，後又謂屬民族。可見其觀念混亂，頗多不清不白之處。

㈡政體、成文憲法與革命：

①政體有神權、君主世襲、民選代議，唯前二者都是盜匪流氓之金裝變相，教士亦然。只第三者是合法。

蓋世襲君主不能因時間而成合法，千年前非，千年後仍非。世無世襲的詩人、數學家，何來世襲君主。君主為royal brute、sceptered、savage、breathing automation。

②共和政體之要素：代議、公正、公利。為人民所治，使智識與權力相合而不相分，相輔而不相背。

③制度：主一人一票，法官民選，反對政黨政治，行一院制。

彼謂兩院制流弊有表決搶先，相互牽制，少數通過等。

④成文憲法觀念為重大貢獻。

憲法非僅理想，要顧現實存在。先政府而生，政府為憲法所

產。憲法包含：政府之成立原理、組織、權力範圍，選舉方法，國會任期，行政部門職權。

㈢人權制度，只重現在（重活人，輕死人）：

①每一代人絕不受制於往代，每一代人有處置自身之自由。故憲法當定期修訂，普通法律 30 年作廢。但此見解有缺，易至朝令夕改，法國革命後為一例。

②世界即屬活人，共和政體為唯一合法，革命權乃有根據。其理想國家似為發現全國人民普遍意見為目的，社會經濟文化之美滿。

彼之人道主義、女性平等、解放黑奴、反對侵略，都是偉大卓見。

107 論哲斐孫(Thomas Jefferson，1743~1826) 政治思想並小結革命思想

㈠巴力門無統治之權：

美洲荒野由殖民冒險換來，英政府未花一文，未犧牲一人相助。故美洲土地之權在殖民不在英政府。今進尺得寸，制止美人與全世界自由貿易，派軍來美，解散紐約之立法院，均不顧美人權利。

英王又如何？彼暗加否認。英王不過人民之首席官吏，其任命由法律，職務在助理人民，受人民之監督。Kings are the servants, net the proprietors of the people.

㈡自然權利思想：

大半來自美洲殖民自身的歷史淵源。

如 1641 年麻塞諸塞灣「自由之總體」。

呼克(Thomas Hooker)的民治理論，已開洛克之先聲。

葳茲(John Wise)重自然法、平等、民治等。自然法為一切之準則，人生而平等自由，政府為人民而設，其權力得自被治者。

到 1768 年靳克新敦市民大會中，自由平等思想廣泛宣揚，自然權利哲學已普遍被接受。

㈢民治與自然貴族：

君權來自纂奪，毫無理性。自然貴族基於美德與才能，由彼掌權為最佳政體。民治的兩大基礎，為教育普及和地方自治，政府治權宜小，人民政權宜大，彼擁護邦權甚至暗示「脫離論」(Theory of Succession)

㈣三權絕對分立，同佩因重視現在。

The Legislative, Executive, and Judiciary officers shall be kept forever Separate.

現代活人有完全自決之權，「死者已成無物，無物即不能主有何物。」

小結：美利堅革命思想，有守舊也有建設。
　　　㈠守舊者反對革命，如雷溫那特謂「國中有國」；
　　　如部社(Jonathan Boucher，1733~1804)則為忠君派。
　　　建設的革命思想對後世貢獻很大。
　　　㈡①成文憲法。嚴格的成文憲法由十三州獨立而成，
　　　　　契約和同意觀念的具體化制度由此彰顯。
　　　　②共和政體。廢止君政、選立元首、民選代議，皆

由佩因、Jefferson 等人鼓吹而成。

③主權在民。憲法中明文規定。

④三權分立。孟德斯鳩思想正逢時代，成各級政府
第一原則。

⑤權利平等。選舉權雖有限制，黑奴亦未解放，但
權利平等已被接受。

㈢最大的質疑，在黑奴之未能解放，但憲法已規定人
之自由、平等權利；其勢如古希臘，雖行民主，而
部份人尚為奴隸！

三、法蘭西革命之政治理論

108 試論法蘭西革命之背景與過程：

㈠背景與疑問：

①美法革命性質不同：美洲殖民獨立前已有民治精神及經驗，
而法素無。新理想與舊生活差距太大，乃有革命復辟而又有
九易憲法。

②必然與偶然：按傳統「神話」，法國人民在政治、經濟上達
貧困極點，革命為必然，其實未必。如路易十六世之人權，
政治情況與路易十五世亦有不及。且法王權力並不絕對，其
可諮議與政務機構甚多，如 Conseil prive 等，而法院、貴族、
教會可以制衡。

③工地分配，約法王、貴族、教士各有 1/5，民眾 2/5。但人民
賦稅重：有地稅、人頭稅(Capitation)、財產稅、鹽稅、內地

運貨稅等。

④哲學家之宣傳為主要條件：痛苦未必較為烈，但經孟德斯鳩、盧梭、摩里歷、撥內、波馬社等學說抨擊，為推動革命之一大勢力。

㈡革命之過程，分五幕：

楔子：路易十六即位(1774~1792)，到 1789 革命前夕，十五年變法未果。

①第一幕：1789 年 5 月等級會議召集，七月巴士堤爾陷落，十月法王由凡爾塞遷到巴黎：三級代表（貴族 285，教士 308，平民 621 人）群集首都，但政府對代表資格審查不決，第三級（平民）乃自稱國民大會，國王與另兩級只得遷就，此一事變有莫大革命意義。彌拉波、西耶士為此期領袖。

②第二幕：國民大會之立法工作，為時約二年（1789 年 10 月到 1791 年 9 月）：

1789 年 8 月封建取消，人權與民權宣言通過，11 月沒收教會財產，12 月地方政制變更；1790 年教士民憲頒佈，司法新組，1791 年第一次憲法成立。此期中政治黨社湧起，多數領袖及中產階級仍擁護君政，可惜路易十六不識潛奔（1791、6、21 前）。

③第三幕：法王出奔到 1792 年 8 月 10 日之「第二次革命」：是法王與革命領袖間的猜疑衝突，巴黎市之權力由中產階級移到無產階級之手，根據第一次憲法產生的立法大會停止君權君位，另召集國民代表會議重訂憲法，巴黎陷無政府狀態，乃有「九月屠殺」。

④第四幕：吉敦特黨(Gironde)之崛起與沒覆（約 1792.9~
1793.6）：

吉敦特派在國民代表會議中得勢，重大工作有：改元、廢
君、宣告路易死罪、經濟社會改革等。但已受會外的雅各賓
黨猜忌，暗得羅伯斯庇爾之助，謀殺 Gironde。法國自由憲
治之芽又告滅，稱「第三次革命」。

⑤第五幕：雅各賓黨操縱的「委員政府」之起伏
(1793.6~1794.7)，亦「恐怖時期」始終：此時自由平等博愛
已不存，推其故，Gironde 受誅法國直與全歐開戰，而國內
保王黨、天主教、守舊派反動日甚。雅各賓黨（亦稱山岳
黨）為救危而鞏固中央政府，公安委員會－或羅伯斯庇爾一
人竟與暴眾相互利用，為恐怖時期。

收場：為反動。羅氏一死，國民代表會議似又反映中產階級
精神，1795 年第三次憲法已露反動，拿破崙乃因緣際
會而露臉，法之革命精神已掃地。革命之初大量疾苦
訴願書，要求憲法、改革、自由、減稅、民權等再告
消失。

109　法國 1789 人權與民權宣言之動機、意義、淵源、矛盾與評論。

㈠引言與十七條：

引言云：法蘭西人民代表已組成國民大會，思民眾痛苦與政
府腐敗之唯一原因，乃對人權無知，甚或踐躪而起。會將人類自
然、神聖之權利臚舉於宣言中……國民大會根據上述原由，承上

帝昭鑒與啟迪，宣告……。

　　第一條：人們生而永為自由，永為平權。

　　第二條：一切政治結合之目的，在保持自然、永不喪失之權利。

　　第三條：一切主權在各民族，第四條論自由，第五條論法律，第六條論法律為全意志表現，第七條第八條論身體自由權，第九條受審權，第十條信仰自由，第十一條意見自由，第十二條釋軍隊存在，第十三、十四條賦稅，十五條官吏向社會負責，十六條個人權利未保障，治權未分立，便謂無憲法，十七條私有財產權。

(二)動機、意義：

①辯護革命，覓一理論根據。如一、三條。

②預防暴政，如英人之有自由，在人民權利有保障。

③祇宣示自然權利，因法人在歷史上無傳統與素有之權利可言。

④同美國獨立宣言之理，昭告世界，來世無匹之心理。

⑤宣言也確為以後憲法依據的基本原理。

⑥顯示個人主義為十八世紀政治哲學之主流，理智主義之作品。

(三)淵源與解釋：

　　此宣言甚受英美之影響，有謂遵循美例。吾人以下之平議：

①淵源所在，決非一元，而是多元。

②就方式時尚言，有賴美例；就精神內容言，自有法國淵源。

③法之革命時代的政治狀況為產生此宣言先決條件，疾苦訴願

書中多有暗示或明言。

④盧梭影響亦可尋，如第四、六條。

四矛盾之處：

宣言與制度上的矛盾如：宣示主權在民而參政權有財產限制；宣示平等而國民有「積極」「消極」之別；宣示財產為不可侵犯之自然權利而教會及逃亡貴族財產經政府沒收；宣示自由及司法保障而特種法庭與嫌疑犯處置相反；宣示信仰自由而教士對民憲宣誓須一律服從；宣示取消封建而世襲君主制仍有。

政治現象矛盾如：法律稱為全意志表現而黨派分歧；政府即為保障自然權利而上「斷頭台」者無計。

五對宣言矛盾之辯正：

①專制天下，一姓興亡尚大量流血，何況革命。「環境」「偶然」也是要因，怎能歸罪一篇宣言。

②評論宣言究以何為對象？目的？形式？邏輯？都有困難。而「自然權利」更何在？

③退一步言，自然權利自今觀之幼稚，但其無疑是十八世紀的時代精神，流行理論。

④僅以個人主義或團合主義概括一種思潮並不當。其謂人民全體之權，用以保障各個人的自然權利。

⑤「自然權利」本是「絕對權利」，實是「理想權利」。只是一種理想標準。一七八九原理最大欠缺，在過於迷信理智和立法，以為一紙宣言便能改變天下。

110　從法國革命時期之憲法論其政治思想（運動）（兼論教士之民憲）。

法國自 1791~1875 年共九易憲法，共和始見奠定，而 91、93、95 為最重要。

(一) 1791 **年之憲法：**

幾乎全自 1789 宣言引來。穩健的英制派與激烈民治派相較，後者得勝，要點有。

①主權在民族，法王虛位，民族之代表是議會及君主。

②國會一院，任期兩年。不受法王解散。

③選舉權在「積極國民」，有財產資格者，女子與消極國民不得參政。此與人權宣言相背。

④法王權受限，只能依法令人服從，法律至上。其入國會時，除太子及國務大臣外，不得有他人隨侍。對外戰爭須經國會通過，法蘭西民族放棄以侵略為目的之戰爭。

⑤國務大臣不得為議員（使行政、立法少一連鎖）。

修憲並為人民基本權利，佩因、Jefferson 重視現在已被接受，惜因路易十六不誠，此憲於次年見棄。

(二) 1793 **年憲法（亦稱共和紀元第一年憲法）。**

①共 35 條，表現雅各賓黨的激進思想。條文如：

第一條社會之目的在共同福樂，已見團合主義。

第廿一條國家濟貧是神聖任務，社會有救貧之責任。

第廿五條主權在民，主權亦不可分割，不可放棄。篡奪主權

必受誅戮。

　　第廿八條國民永久有評論與修憲之權。一代不受上代束約，各代有立所要法律之權。

　　第卅五條政府侵犯民權時，革命為人民神聖之權利。

②制度：改稱共和國，行政首領採多元制，24 年組成行政院，院員對國會負責，國會得彈劾行政院，國會一院，代表直接民選，任期一年，男子普選。

　　行政院員自國會選出，行政立法已不分立。此憲法為雅各賓把持，不久亦成陳迹。

㈢1795 年憲法

①恐怖初過，力求安定。故其宣言冠名「人與民之權利及義務宣言」，義務九條以糾正以往論權利不談義務之弊。而反抗與革命兩權則隻字不提。第六條法律是人民或多數表代之全意志。

　　第七十條主權屬國民之全體。

　　人民之義務有兩大原則「已所不欲，勿施於人；欲人施己，已先施人。」

②制度：行政首領五人組成，職權加大，再行分權。國會採兩院制，選舉權仍有財產限制。此憲法大致西耶士所擬，少談理論，重可行經驗。

　　此憲法冗長而趨向反動守舊，第 123 條鼓勵孝道美德，第 362 條禁止私人政治團體活動。憲法全文論政府、中央者多，論人民、地方者少。到 1800~1804 年拿破崙稱帝，一七八九原則已掃地。

㈣教士民憲：

法國教會也是一個壓迫者與被壓迫者的情況，故埋下革命火種。1789 年 11 月 2 日通過教會地產應受國家支配議案，1790 年 7 月 12 日「教士之民憲」附教於政，脫離羅馬主教節制，主教牧師公選。其在政治思想上有：

①依「人權與民權宣言」，信仰自由，但教士須對民憲宣誓，矛盾？

②民憲中有「吾人有改易宗教權力」語，是對立法萬能的迷信。

③脫離羅馬是民族主義表現，附教於政是國家主義成份。

④芬底(La Vendee)叛抗固為宗教巨變，但無福爾泰，盧梭主張在前，則 chaumette 和羅伯斯比爾領導恐無依據，可見理論與事實有關。

⑤革命時期之民眾和領袖心態均不正常，極端而重義氣，一旦掌權便完全推翻舊思想，結果則反。

⑥信仰自由，與其他自由同，非一蹴而成。

111 法國革命思想家西耶士(Emmanuel Joseph Sieyes, 1748~1836)政治思想

彼本屬教士，識時知人，故能明哲保身。重要小冊有 1789 年代表應有舉措之吾見，特殊權利論，何者為第三級，會議中應有之討論，對人權與民權應有之理解，致愛國志士之自願宣言。

㈠何者為民族？

農工商……軍隊、教會、司法、行政……19/20 都是平民為之，第三級（平民）有2500萬，教士與貴族不過佔肥缺與榮譽之特權階級，僅 20 萬。

「第三級本身便是完全民族，特權去之，民族不損」、「第三級有一切權利……第三級可組成國民大會。」第三級代表應以第三級人充之。

㈡對特權階級之政法：

彼自身是教士而能自動放棄地位參加平民，可知彼知行合一。

人之自由不再享有特權而有享有國民之權，人皆有權。「特權之性質為不公正、厭惡、違反社會契約……封建尚能存於十八世紀，能不沸騰？……貴族乃離立眾人的一群，缺服務致用能力，寄生於全民族而已。」

㈢民族意志是最高法律：

盧梭言人民主權，彼言民族意志；前者謂契約亦不能束約人民主權，後者謂憲法亦不能束約民族意志。製憲工作可由人民代表行之，製憲權則永在人民。憲法用以限制政府，非用來限制民族。故政府機關絕不能修憲，必待「特殊代表」為之。

> 小結：彼主張君主立憲，與孔道西、佩因不同。故其參加雅
> 　　　各賓黨而終退出。
> 　　　初擁護革命，後守舊。又與拿破崙等同時當選護國

官，其有理論家之能，但終為革命叛徒。湯卜遜曰：
So he became the Mirabeau's acknowledged master, the reputed inspirer of Robespierre, and the constitutional archetect of Bonapartism.晚年為消極、悲觀之人。

112　法國革命思想家孔道西(Marquis de Condorcet，1743~1794)政治思想

彼個性與西耶士成狂狷之別。著有：關於黑奴之感想，論地方議會、憲法計擬、權利宣言、人道進化之歷史觀綱要。

㈠主權、造憲、立法：

①美利堅之貴在人權宣言，其指自然權利，有：身體安全自由、財產自由、言論自由、法律平等、立法權等五者。故國民大會首要製訂權利宣言。

不論政體為何，主權永在民，應實現：國民（含女子）均有參政權，憲法由人民自訂（特殊代表擬訂，再人民表決）。

②製憲與修憲不能與平常立法機關混淆，每代「活人」都有權修憲。

立法之目的有四（亦可謂治權者之責任）：

1. 私人契約保障與執行－民法。
2. 安全設立，暴行之制止－刑法。
3. 秩序之維護－警察法。
4. 物質、精神文化之發達。

㈡政制與教育：

①共和政體有三要件：一個行政權委諸民選機關，其首席虛位；或委諸民選元首一人；此元首同其他官吏，負一切行為之法律責任。彼初主君主，後改共和。但認代議共和比直接民治優，可行於中央與地方，彼反對孟氏的三權分立，而以立法最高。

②所以 1793 憲法為彼代表理想。立法院一院制，任期一年，民選。人民有法律複決權，凡有兩省以上請求修憲，變更法律或政策時，立法院便應總投票。行政首領是委員制，七人組成，主席任期兩週。重視地方自治。

③教育，人民痛苦與政府惡劣之源。並非人人受同等教育，而是機會平等下使人人受最低限制教育；此為人民權利，政府之責任義務。政治中第一條規律為公正。

㈢歷史哲學：

①融合 physiocrats（特指杜閣 Turgot），進步是自然規範。「人類之進步即個人發展之結果」，所受限制與支配之公律均同。人能自以往發現公律，何不循此公律推測未來？此種努力誰能譏為滑稽荒謬。與自然科學同。

②據此公律，分人類史十期。未來發展分三層，美法革命為開始：

第一層，民族國家間之不平等可逐步消滅，如歐洲各國，殖民地與祖國，歐亞美各民族間等。

第二層，同一國人民漸趨平等。國內不平等之因不外財富、勞資、教育。凡此均可由經濟法則、年俸保險、教育制度等方面

改善。

第三層，人將趨於完善真實。如完善教育提昇智識，科學發明，道德與哲學完善，應用數學與統計學使社會科學完善，法律制度，男女平等，戰爭減少，世界語成立。等八方面之完善。

小結：彼本貴胄，熱心革命，雖稱不屬任何黨派，但吉倫特黨一倒，其使處於雅各賓黨之手。

113　試論法國革命時期之黨派領袖及政治思想

(一)黨派領袖表解：

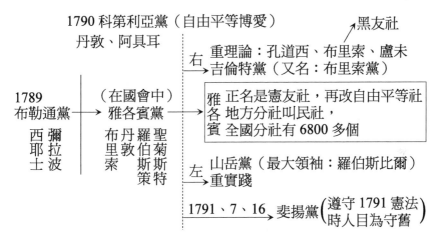

(二)雅各賓黨社(Club Jacobin)：

該黨最大影響最深，餘黨幾為其政爭分裂而出，其政治哲學來自盧梭、羅伯斯比爾。基本思想如：自然為一切模範；人性本善，人本平等；人應服從全意志，其來自契約；少數服從多數；道理最珍貴，能發現一切。

政治方面，採共和，人民主權，選權不限，中央治權分立，一院制，人民有罷免權，政治宗教分離，無國教；社會、教育均重視平等；經濟上擁護私產，消除貧富差距，自由競爭；道德上頗有清教徒精神，因其理想，故較激烈。

㈢吉倫特黨（又名布里索黨 Brissot）：

該黨理論家有 Condorcet、Brissot，盧末。自然神教論。

拉馬丁(Lamartine)論該黨曰：Was the bourgeoisie triumphaut, envious, turbulent, eloquent, the aristocracy of talent, disiring to acquire and contral by itself alone liberty, power and people. Brissot 深信主權在民，人類平等，為自由共和不惜一戰。贊成路易處死，但先人民公決。盧末略同。

㈣山岳黨(Montgnard)最大領袖羅伯斯比爾(Maximilien Francois Maire Isidor de Robespierre, 1753~1794)其基本政治思想：

①民治：人民勝利已將君王處「事實死刑」，不必再經「法律」審判。

②美德：吾人目的在得永久之自由、平等、公正。恐怖時期之後，代之以道德、忠實、真理、職責、道理，以共和政治之美德，代替君主政治之惡弊。

③宗教：是政治之屬品。其為政治社會及一般平民昌宗教，非為理論。至尊之神與來世永久觀念，使人民勇赴公正，其性質是社會的、共和的、美麗的。

④恐怖：是鐵面無私的公正，無恐怖則無美德，是美德之表

現，乃民治對國難之應用。彼與聖鞠斯特同持的恐怖理論，雖只對統治階級，其得失似在天壤，史家所忽之也。

㈤路易之死：

革命領袖初不忍殺路易，經聖鞠斯特(Antoine Louis Leon de Richebourg de Saint Just, 1767~1794)堅決處死，眾意始定。吾人不應使用民刑法而要用國際法……法律乃公正的關係，今人類與路易有何公正關係可言，處之死刑，因人民之公敵。彼與羅伯斯比爾有共同的「美德」觀，亦袒護「恐怖」，使一切政治、社會、道德趨向理想。

餘如馬拉(Jean Paul Marat, 1742~1795)在巴黎街頭演講，擁護「恐怖」。德莫蘭(Camille Demolins)在皇家公園喚醒民眾，科第利亞黨(club Cordeliers)首唱「自由平等博愛」，丹敦(George Jacques Danton, 1757~1794)主權在民，族國主義。彌拉波(Mirabeau)法英國政治，斐揚黨(Feuillants)較保守主張遵守 1791 憲法。

四、美法革命之影響與貢獻

114　論美法革命之影響與貢獻：

㈠法國革命引起巴倍夫(Babeuf, 1760~1797)共產主義運動：

美國之革命未引起經濟平等主義，恐係當時一般人民生活已優裕。法則不同：

①思想方面：摩里歷、馬不里、盧梭曾攻擊私產，對巴氏有影

響，革命時期主張同者亦有Jacques Roux、Varlet、Pierre Do-
livier、Lange、Rose Lacombe、Boissel。

②環境方面：巴黎無產階級生活困苦乃受煽動，圖謀革命，
1848 及 1871 革命，巴倍夫主義先後復活。巴氏個人內環境
言，乃出身貧家，思想單純，自信，屢入囹圄，組織「平等
社」（又名國螯社），彼對法官曰：革命云者，不過以一批
新流氓替代舊流氓而已。

彼深信各種工作價值相等，政治酬勞亦宜相等。土地國有，
反對私產，工業社會化。

㈡法國革命對英國影響：

①引起英國葛德文(William Godwin, 1756~1836)無政府論：

彼持極端的個人主義，視人性本善，理性萬能，而私產為一
切禍害：

However great and extensive are the evils that are produced by
monarchies and courts, by the imposture of priests and the ini-
quity of criminal laws, all these are impotent with the evils that ar-
ise out of the established system of propert.

其夫人 Mary Wollstonecraft 亦讚揚革命，倡女權。

②對英國浪漫文學家亦有影響：從藝術表現人權與個人主義，
如朋斯(Burns)、拜倫(Byron)、雪萊(Shelley)、騷狄(Southey)。

③對英國政治家之影響，如普來斯(Richard price)視如 1688 光
榮革命，福克思(Fox)表慶幸等。

㈢美法革命對世界影響：

①對歐洲：

德意志正處在啟蒙時期，先受北美激發，再聞法國革命，言論思想鉅子如 Klopstock、Herder、Kant、Schelling。皆認人類新紀元之開始。

②其他：如波蘭、匈牙利、義大利、瑞士、葡萄牙均受到影響。後來的亞洲各國亦然，尤其中國中山先生革命，屢次提及。

小結：美國因受地理限制，且革命性質和緩，又限英美兩國，故聲勢不烈。

法國則向全世界波及。但自人類歷史觀之，二者實同一潮流，1776 學說與 1789 原理吻合。自十八世紀末迄今，主權在民、人權平等、民族自決三大原則之成立，及由此而成之法制－如成文憲法、民治政體、代議機構、男女普選、解放黑奴、屬地自主等，皆可歸功美法革命。

第六章　德意志唯心論學派政治思想

一、康德
二、菲希特
三、黑格爾

一、康德(Immanuel Kant, 1724~1804)

　　此派政治思想為該民族性格及內外環境、歷史之產品，以康德、菲希特、黑格爾為全派代表。此派引用之概念難解空疏，但治學唯實。

　　康德政治著作有：從世界公民立場下一部普遍歷史之觀念、倫理形上學之基礎、實用道理之評導、論理論不合實用之說、永久和平、權利學之形上學初步。

115　論康德之歷史哲學（自「從世界公民立場下一部普遍歷史之觀念」論之）

㈠中心理論，也是政治哲學的起點與終點：

　　此篇意義在說明人類歷史是有意義、有目的、有計畫的。舉凡人權自由、共和政體、國際組織、世界和平等大旨已明。

　　個別的人們，甚至個別的民族……他們並不知道此項自然之本意－向著一個偉大目的前進，並努力實現此偉大目的，即使他

們知道亦視為無足輕重。

㈡為證明此說有據，有九條立論：

①任何動物之自然能量，早由造化預定，終必照本來目的地發展完成之日。吾人若無此信仰，則前途暗淡。

②人乃世間唯一理性動物……雖個人生命短暫，人類生命無窮；個人必死而人類不死……世代相傳累積前進，終必領會最高道理即最後目的，亦了解歷史之究竟。

③人類自己努力。依自然計畫，人之一切發展進化必由人自己的努力。此為自然之本意，人雖力不如牛獅，仍能努力成功。

④自然所用之方法，衝突理論－相反相成。人的相互衝突，是一種「反社會的社會性」，蓋人先天有兩種相反傾向，社會化與個人化。正由此基本衝突，合法秩序，優美文化與道德而成。

此種理論與唯實主義者弗格森(Adam Ferguson)相似。

⑤公民社會的形成。人類最須解決的問題是設立一個合法權利的公民社會。只有在最大自由國家中，人們內在能量才能充份發展出來。自由愈大，衝突愈多，但自由與衝突均必納入軌道中。

⑥哲人不存在（對人性似很悲觀）。國家雖立，但人終非完全理性，常會想去限制別人自由而自己例外，故須有個「主人」。但「主人」何在？主人也是人類一員，彼亦須要一位主人，真正無私完美的「哲君」並不存在。惟懸此正鵠，「雖不中，亦不遠」。

⑦無休止的斗爭後：國聯。欲有完善的民政憲法，有賴合法的國際關係。自然假手戰爭，假手永不放鬆的戰備。經過無數屠殺、毀滅、崩潰後，各國終必得到教訓與經驗，被迫改善關係，正如野人被迫組織國家。

進入一個「國聯」。使國與國成為一種聯盟關係。

⑧國聯之成立。共和憲法之採用及國際聯盟之成立，為自然設計中必然實現的制度，是整個人類歷史潛藏計劃的實現。

⑨合理政治組織終必實現。每一時代的問題雖多而離立枝節，自遠大觀之，則其完整計劃很明。

　　小結：盧梭向後看，美好時代不再來；康德向前看，合理生活終必來。

　　　　菲希特、黑格爾、馬克斯等人歷史哲學有自彼而來，其有如此歷史哲學，乃有下述的國際計劃。

116　從康德「永久和平」一文論國際關係

　　「永久和平」是「普遍歷史之觀念」思想進一步的具體計畫，抗爭只是手段，和諧是目的。政治之至善即道理之窮極，在建設大同世界的永久和平。人與人已經組成國家，國與國應組成國聯。

㈠和平前夕，關於戰爭的六項「先決條款」：

①任何和約在締結時，對未來戰爭之材料作秘密保留者，概作無效。

②「任何獨立國家，不論大小，不得被另一國家承襲、交換、

購買、贈予等方式，取有合併。」蓋國家是有道德人格的眾人社會，非土地物品。

③「一切常備軍應在相當期間後完全廢除。」

一則避免軍備競賽，且「雇人殺人與雇人被殺」均蔑視人格。國家也不應收集大量金銀，財力可即轉化成兵力也。

④「任何國債，因國際關係而舉辦者，一概不應訂立。」

蓋兩國同蒙其害也。

⑤「任何國家，不得憑藉武力干涉另國家之憲法與政府。」

⑥「交戰國不得使用影響以後兩國信任的方式，如暗殺……。」

㈡永久和平的「主要條文」有三項：

①「每一國家之憲法應為共和憲法。」所謂共和，一國之成員，就其為人而有自由；就其為庶民而共服從一個立法機關；就其為公民而一律平等。

共和與民治在性質上不同，民治屬專制性質，能達永久和平者乃共和。

②「國際法之成立應以一切自由國家之聯治為基礎。」

聯治並非產生「超國家」的世界國家，各國仍是國家，仍保留各國固有尊嚴。

③「世民權利應僅以普遍善過為限度。」

各民族不應仇視敵對，山河大地是人類共有，人類對任何地方縱無「作客權利」，也有「訪問權利」。

㈢「補充」兩節：

①第一節是「永久和平之保障」，保障不在其他，而在自然。

自然是一位絕頂聰明的「大藝術家」，其安排有三：

1. 預設計劃，使天涯海角人類均可生存。

2. 利用戰爭：將人類盡量分散。

3. 為因緣衝突，強迫人們改善相互關係。

②第二節是「關於永久和平之秘密條款」

「哲學家對公開和平可能之條件，所擬之原則，應由一切武裝備戰國鄭重考量。」

(四)結束「附錄」兩節－國際政治與道德：

①論二者之分歧。客觀方面，二者不衝突；就主觀私心則有，衝突正是砥礪美德。吾人須要「道德的政治家」，有「正其誼不謀其利，明其道不計其功」精神。吾人不要「政治的道德家」，其為政客也。

②「就公眾權利之先驗概念論政治與道德之和諧」

「一切行為，能影響到他人權利，而其依據原則不能同時公開者，皆違反權利。」

「一切原則，須要公開而後達到目的的，是權利及政治兩者同時吻合。」

　　小結：①彼計劃之一部份已有相當實現。

　　　　　②彼尚和平、斥戰爭非由怯懦心理，而是道德上的勇敢，為此是理性職責。

　　　　　③彼有精確歷史哲學為依據，馬基維利信徒見部份未見整個，知工具不知目的，提主觀略客觀。

117　從康德「權利學之形上學的初步」論其權利哲學

㈠對契約論之反駁及運用：

反駁「要從契約論考察政治機構起必無結果，公民社會發軔的時間點不能發現，蓋原始野人並未留下公文記載。」

但論國家之起源仍要從契約出發，一群人欲組成國家必經一項行為，特指此項行為之觀念，乃能使國家組成合法理，此即原始契約。

「原始契約是設立公民憲法與合理憲法的唯一條件，建國之唯一根據。」彼不在尋找國家之歷史起源，而在追究國家的法律依據。

㈡公民社會成立三原理──建造國家的條件：

國家者，是「一群人們聯合在權利法律之下」，此處所謂法律，非指條文而是指合於「實用道理」的必要規定。故公民社會成立有三原理：

①社會中每一份子之自由，就其為人言。不侵犯他人，人人可自行其是。

②社會中每一份子之平等，為庶民言。平等，指法律之同一，權利之形式。

③國家中每一份子之自立，為公民言。指經濟獨立，及一人一票。）

此源於美法革命之「自由、平等、博愛」很明顯。

㈢政府三權，彼視為國家主權之分化。

每一國家有三項權力，即為普遍的意志聯合：

①治理權力（或稱主權），表現於立法家。

②貫徹權力，表現在統治者。

③宣法權力，表現在裁判官。

三者關係：彼此輔助合成憲政，隸屬不相犯，彼此聯合、掌管、分配人民權利。

　　三者中以立法權最為重要，且永屬全體人民，此孟德斯鳩之唾餘也。

㈣否認革命權利，異於 1789 原理。

①對國家最高立法權力，人民無合理反抗可言。服從一個普遍的立法意志，才有法治秩序……革命不能成為權利……統治者濫權人民只能忍受，對暴政只有改善不容反抗。此似柏克之見，但破綻是未分清政府與國家。

②但新政府成立後，應立即服從新政府。革命即已成功，且新憲法已成，便有服從新局面之義務，不得因其起於非法而可解脫。如法國革命哲學彼加以否認，而對革命政府許多措施（如剷除特殊階級等）暗示贊成。只有「唯實主義」才能解釋其思想了。

㈤權利學。

①權利學之分類：彼宗師羅馬法家阿爾西安，即：

內在職責（行為正當）

外在職責（毋害他人）

聯接職責（各得其份）。

但彼權利學採用的是：

1. 公權利（公民權利）：國家、國際、大同。

2.私權利（自然權利）：「我的」，「你的」之取得。

彼謂「權利」，非通常律師所言，「研究一切法律之本涵，據以訂立具體法律。」

②在權利便有義務，亦即有強制，仍是有規律的自由。

「嚴格的權利」皆附帶「強制根據」。

「永久和平」文中說「真實政治學建基於道德學……自由規律稱為道德規律，道德管內在自由，法律管外在自由。

> 小結：彼實是「唯理、唯法」主義，基本政治問題皆從法律著目，含國家起源及權利，都要有法律根據，權利論實為其政治思想中心。

118　論康德的倫理基礎（從倫理學之形上學的基礎）

康德的倫理學向來甚為玄深，不易弄得明白，彼倫理學系統建基於兩大柱石：

㈠第一柱石「道德原律」

道德原律乃是唯一的「範疇命令」(der kategorische Imperativ)，「原則」只能教導，唯原律能命令吾人。其有三個方程：

① 行為舉措必如是：你能同時願意你所根據的原則，可以化成一項普遍定律。每項行為之所以有道德價值，全在其道德動機：即不顧一切本能衝動、欲望，克服此種心理作用，唯「道德原律」是律。

② 行為舉措必須如此：「總是將人類看作目的，永不僅僅看作工具。」

③一切行為本此觀念：「將每一理性動物之意志，視為一個普
遍立法的意志。」即視每個意志能完全自治。該文曰：It is
no straining of Kant's meaning to regard them (these three laws of
moral action) as respectively furnishing the fundamental canons
of the three practical moral sciences.

Jurisprudence, Ethics, and polities.

㈡第二柱石「意志自由」：能「從心所欲不逾矩」，則自由即是道德：

此為道德原律之基礎。惟意志能順從道德原律故徹底自由；
惟原律乃自由遵守故完全道德。「一個自由意志與一個服從道德
原律的意志，是二而一的。」果能「從心所欲不逾矩」，則自由
是道德，道德等於自由。此與吾國儒家孔子所論，幾可等同。

吾人惟肯定自由之存在，人才有人格可言。人性並不全善，
也有惡的自然趨勢，正因如此，乃有努力遵守道德原律之必要。

二、菲希特(Johann Gottlieb Fichte, 1762~1814)

彼為民治、君政、族國、大同，或急進之社會主義，爭論甚
多。惟服漢(C. E. Vaughan)所言為要：彼每一政治論著與當時歐洲
紛爭密切呼應。如：

「為糾正公眾對法蘭西革命之評判獻議」：乃對雅各賓黨人
之統治言。

「自然權利之基礎」：對拿破崙在義大利第一次勝利言。

「閉關貿易國家」：對第一任執政制、共和紀元第八年憲
法、Marengo 戰役言。

「現代之特徵」：「向德志意民族講話」：對 Tilsit 條約、
西班牙反抗拿破崙言。

「權利學」、「國家學」：對一世暴君在莫斯科挫敗、德意
志民族再生言。

119　從「恢復思想自由」、「為糾正公眾對於法蘭西革命之評判獻議」兩文論菲希特之革命精神

此二文都發表在 1793 年，有急進的個人主義精神，對法國革
命表同情，內容並無創意，但為政治思想前後變遷之要文。

㈠「恢復思想自由」：

動機在反抗普魯士 1788 年言論檢查之法令，但與其著作天啟
論衡不能刊行也有關。

在人民言，絕無放棄思想自由之權利；在政府言，萬不能過
於干涉，否則足以造成革命覆亡。「放棄一切，唯思想自由不能
放棄。」

君王為造福人民或維持客觀真理，能否取締人民思想自由，
此無根據且危險。何者能促進吾人快樂？君王不知，苟其知道將
為所欲為，汝非吾人之上帝……。吾人期望於上帝者為快樂，期
望於君王者是權利保障。

㈡「革命獻議」：

當革命初起，德之文化界如Goethe、Schiller、Herder輩頗表

熱烈同情。後英國柏克(Burke)大肆攻擊，歐洲思潮乃轉變，累堡(Wibhelm Rehberg)再響應。此文為間接反駁 Burke。指出評斷革命依據兩個標準。

①是否合於法理？

革命有何法理根據？只可訴諸純粹道理，不宜根據歷史經驗。是非乃受時空、人物不同而不同，或史無前例呢！故須拋棄經驗。從純粹道理才能得到絕對、最後、真實的答案。從道理言，國家由契約造成（是從人與人訂約、非政府與人），契約訂後仍可變更，訂約者可隨時造退，退出抽象的國家而不必離開具體之疆域。即不為國家一員，仍是社會一份子。國家即以契約的基礎，個人又可任意退出，革命合法理乃意料中事。

②是否合於智慧（智慧可定義：環境適應、方案選擇）。

憲法改變有二途：暴力革命與漸進改革。革命或許快，五十年比以前五百年進步的多，但必多苦難或倒退一千年；漸進改革以達到憲法改善，乃較穩定。故革命是否合於智慧？應擲重斟酌。

120　從菲希特「自然權利之基礎」一文論個人自由

此一名著根本精神是唯心、個人、法理主義，為其政治思想主要系統：

㈠權利的概念：

「權利的概念應為純粹道理的原始概念。」

言根據，因人是理性動物，乃假定別人也是；言方式，我得自由，同時約束自己，他人亦得自由，「所以權利的概念，是自

由人格相互間必然關係的概念。」言內容,一切人們絕不侵擾別人自由。

總之,權利是每個理性的、自由的人格,從他們自己內在的束約其外在自由行為,使別人均得自由。

權利屬法律而不屬道德,兩者差異有三:

①就影響論:法律僅及於外界行為,不及內在精神。

②道德上的職責是絕對的,法律則是相對的。

③倫理學中義務是普遍的,不需一己同意;權利學中義務是根據自願。

(二)「共同意志」的發現-契約→國家:

①人服從法律便是服從道理,即服從意志,服從自己。故法律是最高的合理意志,權利學之目的在發現「共同意志」-契約,而成國家。國家所本契約,固為整個,可分為三:

第一部份:「國民之財產契約」,個人以自己財產擔保,不侵犯他人財產。

第二部份:「保護契約」,進而約定保護他人財產。

第三部份:「結合契約」,每個人與全體訂約,證實並保護前兩者。

②國家為一機體,像一棵樹(國民與國家關係):

在有組織機體中,每一部份說是永在保存其整個,保存整個正所以保存一己部份。國家一棵樹,各部份必為保存全樹,成全樹所以成全枝葉也。故個人非為國民不可。此與「獻議」文恐有衝突。

個人沒有脫離國家的自由。

㈢政治權力分為二：行政權（含立法、司法）、監察權：

①行政權須交給一人或多人，絕不能由人民自己行使，違反此原則便是專制；監察權必留在人民全體手中。

　　君主、貴族、共和政體均合法理，只要人民同意，且規定在憲法中。不論何種政體，監察權都同樣重要。

②監察權為何重要？第一，國家最高權力－「行政權」能永為善不為惡否？永守法不違法嗎？第二，所謂「人民全體」在那裡？不先召集無全體可言，這個召集的機關便是監察院。

㈣人民集會及其危險：兩種情況下得召集人民。

①政府〈行政權〉出了大問題，監察院得宣告政府運作停頓，同時召集人民。人民即已集會，聽取行政、監察兩造辯論並判決，人民判決即憲法。

②監察、行政兩機構狼狽為奸。此時則

　1. 人民自動集合下判斷，此為合法，蓋「人民全體決不能為叛徒，以叛亂之名加諸人民全體乃絕大荒謬……人民為最高權力……一經集合，行政權即喪失法律地位。

　2. 一位或少數擅自召集人民，則待人民決議。決議維護政府則召集者為叛亂，決議支持召集者，政府則須更易。

　　人民革命權利至少受到側面承認。惟人民集會有莫大危險，非必要不召集。

　　　小結：深入剖析菲希特在本文之論述，其實盲點很多，不
　　　　　　斷提到人民集合為合法、人民全體、人民決議等。

　　　　但多數國家之人民總數都在數百萬乃至千萬、億人
　　　　之上，如何集合？多少謂「全體」？

121　從菲希特「閉關貿易國家」論其社會經濟思想

　　彼於1800年左右政治思想發生變化，由個人與自由主義而轉
向團合及社會主義。本文卷首曰：「國家為人們一切事務之全權
監督者，國家必謀眾人們快樂、健康、信教、有德⋯⋯。」目前
國家受太多束縛。社會經濟有關建議分四層：

㈠人民依工作性質分階級：

　　基本分三級：生產者、製造者、經商者，而以生產階級最重
要，此則承重農派、斯密亞丹而已。三級之關係應合理平衡，如
生產者的產品要能供應三級全體之用。總之，每級之人數、物
價、產量、工作、個人土地限量⋯⋯都由國家統制。

　　官吏、教師、軍人為不可缺，由國家供應，賦稅亦只供養此
三大團體。

㈡國家應成自給自足之單位：

　　僅僅自給自足最適當，過與不及都是禍源。對外貿易絕對禁
止，過渡時期不得已則國家統一行之。在彼認為歐洲若為單一個
的政治單位，則人民間的自由貿易如故；可惜已經分裂成許多國
家，故須禁止，以消滅戰爭之源。

㈢取得自然疆界：

　　此為各國達到閉關貿易的先決條件，乃指江河、海洋、山嶺
等天然形勢所暗示者，但著眼處不僅軍事更重經濟。

欲劃除戰爭之原因，每一國家必須保有其自然疆域，主有所需而不求於鄰國⋯⋯並給鄰國保障：此後不再從事擴張。

按此原則歐洲各國要重新分劃，去短補長。

(四)實行國家貨幣：

廢除現行的世界貨幣(weltgeld)，此乃金本位能流行國際。

實行國家貨幣(Landesgeld)，以穀值為本位，紙皮為幣，且只能流行國內，可以減除私人儲藏。

小結：本文似為個人、國家、世界三者著想，世界和平在使各國經濟獨立而不是打破國界。貿易、金銀、土地都解決了，各國可裁減軍備，互不侵犯。

122　從菲希特「現代之特徵」文論其歷史哲學

彼以為一部歷史是有意義、有計劃的整個，但須從人類全體著眼，不可從個人出發。唯真正哲學家才能超越經驗，根據道理，尋得整個歷史的意義，指示每一時代之特徵。

(一)人類歷史分五大期（遠大者分二期：尚未、既已）：

①本能時期：盲目衝動，人按本能生活，意志與理智無能表現。可稱「渾噩真璞時期」。

②權威時期：人類的道理本能藉一個權威形像「人君」表現出來，制度呆板，思想信仰都是強制性的。可稱「原始罪惡時期」。

③放任時期：反抗權威，不信真理，不負責任。人人放縱，可

稱「普遍邪惡時期」。

④真理（或道理科學）時期：道理、規律又受人們精確認識，可稱「原始辨白時期」。

⑤至善時期：人類行為全合道理。

彼痛斥當時的個人、消極理性、浪漫等主義，而恢復康德精神。但這五個時期區分，恐只是個人想像。

㈡優秀民族與卓越個人的使命：

人類之循序上進似有賴優秀民族之領導，此亦優秀民族之使命，彼暗示歐洲便是優秀民族。

人類之邁進，也賴民族中的精英份子，他們從公，遠大的精神深值頌揚。曾使無數原始部落聯合統一在法律治平之下，為誰？

曾使無數國家頂立不亡者，又為誰？……皆人類之英雄。……此輩英雄能將其自信「應然的理想」強使累代接受服從，正惟如此亦受人嫉惡。……此輩英雄奮斗不息，鞠躬盡瘁。

㈢團體在個人之上，擴大國家職務：

①「吾人若依真理及事物真相，個人毫不存在……存在者只有人類團體。」

「世無離立之事物，獨居而生活適得其反，一切都在整個生活著。」

當代最大謬誤，是每人自己以為能自存、自治……。

合理的生活是個人在團體中，忘我地為團體生活與犧牲。

不合理的生活是所思所愛者只為己，所求亦自己幸福。此種思想與契約說自難共存。

②國家之目的：

「國家之目的捨人類自身外並無別個，將人類一切關係導入規律中。」

即以本能導至道理為使命，以實現歷史之計劃。分言有三：其一促進文化掃除野蠻，再為克服自然便人利用並獎勵農工等科學，三為提倡一切優美藝術。

123　從菲希特「向德意志民族講話」論其族國主義及教育理想

講話之背景：1806 年 10 月 14 日法軍在 Jena Auerstadt 大敗普魯士軍。拿破崙遂於 25 日攻入柏林。次年 6 月俄亦敗於法，普魯士被迫簽訂 Tilsit 和約。彼認國恥來自統治者的自私、昏懦。

㈠請德意志人民想像、選擇要怎樣的明天：

①未來境域只能二擇其一。其一，若你們向愚昧、消極的路前進，則是貧乏羞辱的奴隸生活，直到國籍、語文、民族滅亡。其二，若你們覺醒奮發，將見到新生代出來，德意志人民得到無上光榮，為全世界新生命的再造者。

②彼以先知先覺自任，請全民族思考三大問題：

其一德意志民族是否確實有了危機？其二德意志是否確實值得保存？其三若能保存則方法安在？彼答案當然是肯定積極的，新目標就是民族一統光大（族國主義），方法是教育（教育方針）。

㈡族國主義：

① 以語言文字為構成民族的唯一元素（閉關貿易文不同），個別的語文即是一個個別民族，此一民族有獨立地自己管理的權利。……一切國家的自然疆界為內在疆界，使用同語文之人群早已靠自然之力量維繫……不同語文人群混雜必引起紛亂……外在疆界來自內在疆界。同居於相同之嶺域河流內，並不成為同民族……。彼以此反駁拿破崙「世界君國」之迷夢。

② 民族高於國家：民族……為塵世間永久砥柱，在國家之上。國家不過執行法律，維護安寧，滿足物質需求……不過為一工具，用以實現另一較高目的：民族發展。

使用德意志語文之人民為雙重國民，一為所在國之國民，再為德意志民族之國民。更進者曰其全民族應歸一統，為最優秀故，是值得保存也。

③ 德意志語文為「話語文」，其優越有四：一者精神文化，事實求是；再者精神文化影響實際生活而使知行合一；三者有精勤誠實之精神。

末則整個民族能受教育。語文優越則其他一切優越。

「德意志」與「非德意志」之別恐是玄學之誇大：無論何人生何地用何語文，只要精神性的不斷發展便是吾人；反之，其滯阻、退步、死性，便是「非德意志」的。

㈢民族復興──新教育：

「保存德意志唯一方法，乃將現行教育體系變更。」不用「洋文」，以使用德意志語文為幸福。新教育之精神在養成一般

國民不為私，為整體不為部份，為長久不為眼前，為理想不為物質。是重觀念，輕經驗的唯心主義。

> 小結：彼對國民曰，能使民族強盛，惟族國主義的新教育。若再因循糊塗，不樹目標，必有亡國滅種之禍。觀其1807 年「廿二世紀初期德意志人之共和國」一文可知。

124　從菲希特「權利學」「國家學」兩文論其國家觀念

背景：1813 年 2 月 3 日普魯士頒「告普魯士少年」文，到三月十六日向法國宣戰。此兩篇為此「解放戰爭」時期之精神，再此時已 51 歲之晚年。轉而重視國家。

㈠與十六年前不同──轉而重視國家。

①十六年前在「自然權利」中，監察機構為合理國家中不可少，今則認為難行，蓋監察權監督行政權，而監察權將受何監督？

②自由與強制言，彼早認是對立的，今認強制為得到自由的要件，每一個人只要同時兼有智慧與權力便負有神聖職務：強制人們採取合理憲法，並使用強力將權利加諸人們……此人為上帝所命立。團結有力的國家都靠強制執行而來，今斥契約論為粗淺。

③前稱的「共同意志」原本來自盧梭「全意志」，今又改稱「主權」。

主權是國家最高意志、最高權力。

④政治與道德不再劃分。無優良國家亦不能有優良風化，國家強盛民族才能獨立。

㈡民族自由與民族戰爭。

①為誰而戰？為何而戰？彼質問對法戰爭是「治者戰爭」或「民族戰爭」？若為統治者戰則人民乃是牛馬，若為民族戰乃能得到自由建造國家，當時對法之戰已具有民族戰爭之意義。日後若發現僅為統治者而戰，則決不能在此種統治者下繼續留居。

②理想狀態的統治者並不存在。彼指並非現實世界中的人主，「誰有為統治者之權利？……最高的人類智慧……此絕對標準並不存在。」此與「柏拉圖」哲君類似。

　　小結：①彼一生由個人而重團體，由放任而強制，由自由經濟而計劃統制。由大同世界回到民族國家，消極政府轉向積極，由理想而兼現實。

　　　　　②此種轉變的因素在：年齡、性格、環境與經驗領悟，後者為要。

　　　　　彼所有政論中，論思想理智深刻，自然權利之基礎為首；論影響之大，首推講話。

三、黑格爾(Georg Wilhelm Friedrich Hegel, 1770~1831)

　　彼近承康德、菲希特，遠追柏拉圖、亞里士多德，且視政治與倫理為一，是國家之起點與終點。國家是精神之表現，政治是道理之結晶，此非指橫的方面某一民族，是指縱的整部歷史。人類永在進化，且循正反合前進。其要著有：德意志之憲法，論自然權利之科學研究、倫理風化之體系、精神現象學、權利哲學綱要、歷史哲學演講。

125　論 Hegel 的國家主義

　　其國家主義大多表現在權利哲學綱要乙書上。

㈠精神（道理、意志）、國家主義：

　　彼以為宇宙一切都由「精神」產生，人事種種都由精神支配。精神包含道理和意志。後兩者實現便是自由之取得。

自由意志實現賴三大境域
- 法律：關於財產契約及人格。
- 道德：關於個人的、主觀的。
- 倫理風化：關於群眾、客觀的。
  → 其發展由三方面求之：家族、社會國家。

　　國家觀念之具體化在憲法、國際、世界史。故政治生活是倫理最高峰，與最高之表現。

①國家是最後目的、最高理性：

國家是倫理風化觀念或精神之實現……是最高理性，最後目的，有處置個人之最高權……個人最高義務在為國家之一份子……個人目的與幸福賴國家以達成。……每個人本是國民，不能任意退出國家。

②極度國家主義：

國家是倫理之整個，自由的實現……是上帝在人間之進行。國家籠罩一切，治理一切，個人之價值不能離開國家而存在。「我促進普遍目的也是促進我個人之目的。以言國家，則法律、制度、祖國山川都是人們的權利。

㈡國家主權：

①主權對外絕對獨立，對內至高。但主權不是強力任意或專制，專制無法，主權賴法。唯國家有主權，故主權本在國家。「國家之人格，表現在一位君主才成真實。」故君主也稱主權者。主權在民等於主權在國。

彼暗示英國之名義主權者為其理想。

②國家組成：國家非由離立個人組成，是「分成無數個別小圈的整個大圈，國家份子便是一個小圈或一個階級。」

家族為國家第一根基，階級是第二根基。

階級可別為三：本質的：農人。

形式的：工商。

普遍的：官吏軍隊，而此級喪失普遍性，國將滅亡。

126　論 Hegel 的憲法原理：

㈠關於憲法：

①憲法功能（作用）：規定「國家之組織、機體生活之程序」及規定國家與其他團體的關係。合理的憲法，分之各為一小整個，合之為和諧的整個。

②製憲與修憲：鑒法蘭西經驗，彼反對隨意修憲。更認為非「某些」人可製造出來，須假定其早已存在，則製憲即修憲，且須經法定程序。一個民族的憲法，與其宗教、哲學、藝術、思想結合為一，一個精神。各國憲法是完整的，不能抄襲或仿效。

㈡君主立憲為標準：

政體最早為專制，再是貴族或民治，末則君主憲政。可分其三部：

立法權：完成普遍規律。
治理權：將個別者置普遍規律下。　此三者以君人權為首。
君人權：即主權。

彼亦贊成代議。反對民治。「人人均應參與國事之假定實在不通。」人民並不知道自己所願為何物？更不知絕對意志何在！此智識與卓見，非尋常民眾所能。代議士也未必知道，不過代表人民批評糾察高級官吏。

㈢中產階級與公意。

①行政官吏比立法家重要，其禍國或殃民比立法家深刻，且是社會的中流部份。行政機構與官吏是組成社會中流之基要部

份，也是民族中具有教育智慧與權利意識的一群……其不致
形成貴族或專制，因上有主權，下有社會團體各種權利。

②公意：尊重並輕賤。

「公意是一項無組織的方法……可靠性常是非都有，不能全
是或全非。」

最動聽的，常是最謬誤的。其在具體意識與表示上是輕賤
的，在基礎上是受尊重的。

127　論 Hegel 的權利學說及戰爭的意義

㈠「權利」為彼整部政治思想中心。

①吾人提到權利，不僅指公民權利……亦指道德倫理及世界
　史，國家權利高於家族與社會，國家是自由的具體結晶，只
　向絕對真理屈伏

　權利為何物？「是一個自由意志之實現。」為何？因自由非
　任意，能任意則不能自由，欲有自由必須遵循道理。

②權利與法律：權利能化成法律，法律不能產生權利。「權利
　經過法律之決定，便是實在權利。」

　對私產與奴隸制度觀念，Hegel 受康德影響：

　對私產彼承康德，接受歷史上已成之事實。財產之合於道理
　不在能滿足需求，而在替代人格的主性。在主有財產中，人
　格始處於道理之地位。

　對奴隸制度則合進化觀念，認為是進化上原因，其發現蓋在
　一種過渡時代。此似有種族歧視，認為有些人尚未進化到有
　完全人格的人類，只能當奴隸。

㈡戰爭之意義：

①「民族成為國家乃是世間的絕對權利。」「兩國之個別意志而不能求得一個協定，解決之道只有諸訴戰爭。」國家之上並無法庭。

「戰爭是一種精神、一種形式、……必要時得犧牲生命財產，以保存國家之個性、獨立、及主權。」

社會功能在保護生命財產，而國家則以保存民族精神為最後使命。

對戰爭的觀點：不是只有禍害。

②崇拜拿破崙。譽之「騎在馬背上的世界精神。」

民族之不肯冒死，亦不能生。法之不亡，德之統一獨立，端賴戰爭。

戰爭正如「風吹波動足使海洋不因靜止而腐朽，民族因戰爭才不致太平過多，而生腐污。」

128　論黑格爾的民族使命及康、菲、黑三人之影響

㈠歷史哲學：

①絕對精神：是彼等三家歷史哲學思想中心。

絕對觀念是一切民族之領袖，整個世界之領袖；而絕對精神自古到今，永久在指揮世界史之發展經過。吾人之目的在認識此一指揮。

②世界史乃上帝之計畫。精神之具體表現為國家，惟國家之中才有自由。實現此一自由的方法（工具）為何？「一切國家，一切民族，一切個人，……都是世界史之無意識工

具。」

一切民族與個人之活動，本謀求其一己之目的，但也同時是較高大之目的的方法與工具。此目的他們並不知道，但無意識地實現。

(二)世界史的進化：

① 「世界史由東而西，亞洲是歷史起點，歐洲是終點。……如日出於東沒於西。東方世界過去只知一人自由，希臘羅馬知數人自由，獨日耳曼知眾人自由。世界史先有專制，再有民治與貴族，後為君主憲政。

② 世界史文體分三段：初精神混合於自然中，復精神漸知本身自由，末最精神達到完全自由。此不過循環反覆而已，精神界則永循「辦證法」為新異之演化。

(三)民族的生→死→生：

① 民族之特殊歷史：分二部份，一是民族精神之發展，萌芽到成熟；另一是衰退到滅亡時期。民族國家之興盛衰亡乃波動前進，自由之次第實現，民族各有其歷史使命，「生而死，死而生」，一民族之衰亡乃另一民族之生。

此玄秘之新陳代謝論有些可怕。似乎把世界看成一座「原始叢林」，任其演化，該生則生，該死則死。

② 頌揚德意志民族之矛盾：「日耳曼是新世界之精神，其目的在實現絕對真理……其使命在負荷基督教之原則。」此與一貫思想顯然矛盾。也充滿著種族主義，以為日耳曼是全世界最優秀之種族。

㈣影響：

①彼影響甚大，如對馬志尼。

　如曲麥乞克(Heinrich Von Treitschke, 1734~1896)的國家主
　義。人民有絕對服從之義務。

②Kant、Fichte、Hegel雖都教授，但其對其民族復興統一貢獻
　乃千古不滅的。Kant 之前德國沒有統一的哲學思想，Hegel
　後一味崇尚強權。

　　但彼等三家對戰爭的見解，對二十世紀許多亞洲國家的獨立
統一和復興，有很大啟示鼓舞作用。「民族之不肯冒死，亦不能
生。」中華民族若不肯冒死抵抗列強入侵，那有復興統一之日。
廿一世紀中國之興起統一，亦當如此啟示。

第七章　反動與守舊：美法革命後的政治思想

一、美利堅之反動：亞當斯與哈密爾敦
二、英吉利之反動：柏克
三、法蘭西之反動：梅斯特與波那爾

一、美利堅之反動－亞當斯與哈密爾敦

革命愈徹底，反動愈強，原因有一，革命主義理想太高，期望太大；二則舊勢力的反彈，三者社會民眾舊習難改。觀察反動性質則有不同：

美國最早，由理想而轉向實際，邦聯至聯邦。如亞當斯、哈密爾敦。

英國次之，因鑒於近鄰之動盪流血，乃主張維持現狀。如柏克。

法國最遲而激烈，向後大轉，進而推翻 1789 原理。如梅斯特、波那爾。

129 從美憲與聯治論申論美利堅革命後的反動政治思想

㈠造成當時反動的環境：

①以獨立宣言為基礎的過渡民治與邦權學說太過澎脹，反之哈密爾敦懷疑民治能力，主張中央集權。

②獨立戰爭時各邦尚能團結對外，禦戰方酣則各自為戰，甚至為商業利益幾乎內戰。如麻州的 The Shays' Rebellion。

③華盛頓致書 John Jay 更是對人民的不信任：

吾人對人性可能太樂觀了，對人們自身福利方案，除非強制否則難行。其致馬迪遜信中說十三個主權各自為政，必使整個集團毀滅。

㈡邦聯約章→憲法草案：

①草案由藍多爾夫(Randolph)、平克尼(Pinckney)、帕特遜(Paterson)、哈密爾敦所提出。帕氏代表邦權與民權，哈氏主中央集權，威爾遜主張行政首領一元化，錫爾曼(Sherman)認為人民無知。

②憲法草案是對獨立宣言的反動：民眾政治能力被否定致總統用間接選舉；立法方面已無創制複決；行政權擴張且無連任限制；三權分立而三者密切；國會一年一選與「官職流轉」均告推翻；國會不准民眾旁聽；人權書未列入。

③反對草案，主張維持獨立宣言，綜合否決言論有：草案違反民治，人權未列入，中央權過大，民權邦權無保障。

④擁護憲法草案最著者為聯治論（如次）。

㈢哈密爾敦、馬迪遜、哲(Jay)「聯治論」(Federalist)要點：

①強健的中央政府有立即成立必要，若吹毛求疵，憲法將永無成之日。假使人們對政府各部組織只要等到至善才同意，則整個社會已淪成無政府狀態，所謂至善標準何在？

②對當時未列人權書的答辯：憲法本身就是一章權利書，人民自由保障不在區區一紙，而在社會精神。若當權者蹧踏人民，憲法豈不如廢紙。

③對當時一味主張民治的答駁：民治唯在小國可行，大國則用代議政制較佳。

民意乃能集合，黨派多乃成均勢。

對中央權大的答駁：共和要素在合法權威。

④推翻「一年一選」及「官職流轉」說：為政府安定計，在位宜久，人選常更動則政府政令時常變動。

小結：聯治論為美國開國以來，對政治思想之第一部貢獻。

130　論美利堅革命後，John Adams(1735~1826)的反動思想

彼乃獨立革命時民眾領袖之一，1790 年開始反動。著有論政府（1776 年）、美利堅聯邦諸憲之辯護（1787~88 年）、談達微拉、論政治史。

1785~1788 年出使英京，繼任副總統八年，1797~1801 年兩

任總統。

(一)關於選舉態度前後相反：

①主張選舉：論政府曰：此為最準確之科學原理：一年一選制
度告終，即人民奴隸生活之開始。選舉是民治先決條件，與
佩因、Jafferson 同。

②反對選舉：「官職流轉」侵犯人類權利，民選官吏弊病多。
選舉中吾人只見私黨詭計，合縱連橫，腐化甚於貪污。
人民永遠不能一起行動，一起商量，一起理論。「人民傾向
腐化貪污。」
歷史經驗可知「人民不受節制，其偏私、殘暴直與專制元老
院同。」人民極難統治，且易作惡。

③推翻主權在民說，人間未曾有過純粹的民治。Condorcet的民
治理論如在游魚走獸間求民治，乃乖謬不通。

(二)彼懷疑民治的原因探討：

①彼發現，自然平等是指道德與政治的，謂人皆獨立。而身體
智慧則不是平等的。「世間絕無兩物完全平等……身體、財
產、美德均是。」

②彼重視自然貴族。人為貴族是指法律保護的特殊階級……自
然貴族則須五大條件：美貌、財富、門第、天才、美德。每
一民族、政黨、城市都有一部份貴族存在，大約是 30%，
「不平等是人類自然史一部份。」
在彼以為法國革命及哲學基礎為謬誤，其領袖不知自由何
物！

㈢彼對治學之了解：

①不是可以實證的：「政治不能在實驗室中舉行，更不能在數小時內決定。」所以「政府之科學較其他多數科學，落後數百年。」

②似抱心理能釋政治學：

在當代極少此種「反理性主義」者。自然之本意在使人們成社會……追求被尊重、稱舉……此為人的基本稟性。人人如此追求，衝突乃有，此政府之起。

故政治起於心理，不是理智；起於必需，不是意志。政治作用在把一切競爭衝突納入軌範。

③獨排眾議，主張政黨，但要制衡：政府之下必有許多政黨，其制約方法有二：君主政體或常備軍，或憲法的制衡制度。

小結：主權在民，權利平等，彼仍堅持。

美國憲法上有八項寶貴的制衡：中央地方、下院上院、行政立法、司法國會、總統與邦政府、上院總統、人民與代表、邦議會與上院、選民與人民。

131　美利堅革命後，哈密爾敦(Alexander Hamilton，1757~1804)之反動思想

彼為聯治派領袖，華盛頓的財政總長，重經驗輕理論。著：完整的辨白、駁農夫、政府與憲法、全洲主義者、聯治論大部、法蘭西革命片論。

㈠對民治的不信任：

①人民無知，腦袋不清。

②政府存在要五大支柱：受政府保護的各種利益，認政府是有意與必須的意見，服從習慣，武力，勢力五者。

㈡主張有一個堅強的中央政府：

①1780年「政府與憲法」及1781年「全洲主義者」攻擊邦聯，指示新憲。「權力過多為專制，過少為無政府，皆使人民滅亡。」國會對和戰、外交、軍隊、貿易應有全權。邦權太高，中央必瓦解。

②1787年憲法會議中對「堅強政府」的提案。元首民選，終身並有否決權；下院三年，上院終身；邦法令抵觸國憲無效，邦長中央任命並能否決邦議會法案。因反動過甚，Jafferson派罵為「君主派」「貴族主義」，實其不過羨慕英制。財長任內並設國家銀行，提升中央地位。

③邦聯乃過渡，非長久大計。

The Confederation was framed amidst the agitation and tumult of society. It was composed of unsound materials, put together in haste.

㈢對法國大革命的批判。

①有人將美法革命相比，豈公平！予見一不幸人君……無犯罪證據而枉死斷頭台，無神論者公開宣傳，……二者是自由與放縱之別。

②對革命時代哲學的批判：反宗教瀰漫各階層，……足以動搖

宗教道德社會之基礎……政治學中的狂生播弄……反宗教與無政府相聯手，則宗教和政府已被斥為禍害，是人類達到至善的障礙。

人民自由乃不存在了。

二、英吉利之反動：柏克(Edmund Burke, 1729~1797)

彼之偉大在守舊潮流中發揮卓越政理，論著思想亦與當代國內外政情環境相關連。

1759 年任國會議員哈密爾敦(W. G. Hamilton)祕書，1765 年任自由黨領袖洛金克(Marquis Roekingcham)祕書。他乃代表當時英國朝野思想潮流。

著有：自然社會之辨白、評「吾國現狀」、論國人不滿現狀之原因，……計十餘種。

132　論英國柏克的反動思想：少壯急進（頌自然社會）→中年自由主義（擁護政黨內閣）。

㈠少壯急進，頌揚自然社會時代。

①評斥一切政體：不滿現狀，國家對外言只有流血戰爭，國際間未曾有過仁慈相待，歷史上有名的大戰爭犧牲在 3600 萬人。對內言，國家只有禍害而少福利，專制時人如牛馬，又貴族而民治，「三者名義有別，結果相同：都是暴政。」任何國家總是少數統治，多數受奴役。

②貧富不均達極點：「窮人唯一能做的，是供給富人奢侈懶惰；而富人則只會奴役窮人並增加其經濟負擔。」然而如此富人也沒有真正快樂，故貧富同受其害。

③對一切政體、法律的否定：法律愈多，公道愈少。「一件爭端明明兩位農夫半小時可解決，法庭則須二十年。」一切政府總為要破壞公正原則，以維持其政體。故社會所有禍害不能歸於任何政體、個別法律；而必歸於有法律、有政體。

④回到自然去吧！

我們何去何從？彼未明言。但暗示回到自然，自然社會雖有不便，如欠團結，欠共同調解人，組織等。但比政治社會，更自由安寧快樂些。至少戰爭可免，頂多少規模爭斗；貧富可均，公道正義流行。

㈡中年自由主義，擁護政黨內閣：

①民貴君輕：自由主義(Liberalism)最能代表彼之思想。深信民貴君輕，政府權力都是工具，人民福利是目的。君王、貴族、法官都是代表人民，與代議士同是人民的信託人……體制、人選都起於人民。「政府之偉大及唯一基礎，是人民信任。」

②主張政黨政治。

有社會便有黨派，彼為近代頌揚政黨第一人。政黨分立，是自由政府不能避免的事。「人們可聯成一氣，方便祕議，迅速通達消息。……惡人聚集、善人亦必團結。

政黨定義是：「一群人們，依其共同的某一主義，彼此聯結，共同努力求促進族國利益。」

③反對「派別」(faction)，其與政黨相反也。特反對英王私黨把持政治。彼稱之 Cabal、Court faction、interior cabinet、double cabinet、Court corporation、king's men、king's friends。

　彼重視巴力門，主張政黨執政，反對親貴內閣。

④同時也重視人治（非言人勝法，指法必恃人）。

　法律能力有限，仕憑制度如何設計，但其有效執行乃靠諸大臣，無他們，則國家只是一篇紙上計畫而已。

　執政大臣可以有意無意造成國家利益損失，卻無法對他提出制裁，此事是可能的。

133　論 Burke 反動思想：反帝國主義（同情美印）

㈠反帝國主義，同情美利堅的思想分析：

①彼反對以空洞的權利原則，做國策的唯一依據。彼認爭端之起，都是祖國（英）政府－尤其巴力門自以為對殖民地有絕對處置之權（指徵稅）。彼高呼：讓美利堅自己去徵稅，我一聽玄奧的權利，便生氣。「國於美利堅之演說」：We must govern America according to that nature and to those circumstances; and not according to our own imaginations: not according to abstract ideas of right; by no means according to mere general theories of government, the resort to which appears to me… no better than arrant trifling.

②故以功實功利(Expediency)是尚。

　勉強徵稅，得不償失，未必增加國庫。引起爭端不合算，戰爭勝敗是一時，何況勝敗難定。定要和解遷就，避免內戰。

③英之本土及美洲殖民應同一標準。納稅無代議，徵稅未經同

意便是暴政，是英人傳統信條，自由亦然。殖民已非臥在搖籃中了。

④暗示以自主地(Self-governing)之原則。

萬不能由巴力門攬權代訂海外政治單位之法律，只要給予自治必無爭端。

(二)同情印度之分析：

①監督東印度公司議案被拒：

1783 年福克思(Fox)在國會提此案，以當時該公司之腐敗，漁肉印人。欲有一固定委員會監督，下院通過，上院被拒。反對者理由是「公司已得之權利不受剝奪」。

② Burke 提出有力理由。該公司享有之權利並非「自然權利」，而是政府所給，當根據失去，條件推翻，權利便消失。故難成立。

「有權利便有義務，不盡義務即是拋棄權利。」

控訴該公司濫權，「吾人無權給別人橫暴，自身暴力非法，便不能治理他人。」不遵守英國法律，又不遵守印度法律，一味暴力統治實為大罪。

③暗示治權有條件，人民可革命。

治人者，必以被治者福利為依歸，否則無服從之義務。人君不能保護人民之安寧，又自稱神聖，視人民如草芥，則人君已非人君，人民已非人民。

小結：柏克論此「彈劾哈斯丁斯演說」已是 1788 年，次年法國革命，自由主義者突然變成大反動之理論家。

134 論英人柏克之老年反動－抨擊法蘭西革命

㈠一向支持各國抗暴，獨反對法國革命：

①如破壞太深，危險太大。「歐洲政治中一大危機」，智者在百年中建設，瘋狂在半小時內便毀滅。彼重視歷史已然之經驗，重經驗則輕理論，輕理論則守舊。

②抨擊其事實及理論：法蘭西所有行動，只是一場狂暴嘗試。它不是對政府之革命，不是政黨勝利，是整個社會的解體破壞，此一冒充的共和國，其創建乃基於罪惡……在向全人類挑戰。

其政體設計是不道德的，不合法的，奸惡的，壓迫的。

③人權與民權宣言乖謬不通，情理亦不容：等於：a Digest of Anarchy。是一種恥辱。

依彼理論，政府之基礎在滿足人民須要，國家之目的是人民快樂。法蘭西之舉，只有痛苦和破壞。

㈡國家、政體、公司－修正的契約：

①國家與公司：「社會誠然是一個契約，次要者可隨人除解。」但國家與公司不同，應以另一種尊敬看待國家……國家是關於一切科學、藝術、美德、及所有完善的合股事業。

②似信仰立憲君政：即世襲君主、世襲貴族、民選代表之機關。社會中要能出產一批「自然貴族」，否則不成民族國家。

㈢唯心主義與神權色彩：

一切人為制度能有何影響，全在造化之手。「宗教是民政社

會之基礎。」

「國家是由上帝意志成立。」人們在社會中地位、事業全由上帝暗中計劃。

> 小結：27歲「自然社會之辨白」，是少年之激昂思想，對未來沒有產生影響。
>
> 40歲「吾國現狀」－57歲「哈斯丁斯之罪狀」之間，自由主義之呼聲，為美、印之同情。
>
> 末十年對法國革命之反動。

三、法蘭西之反動－梅斯特與波邦爾

135　法國革命後的一般反動環境如何

㈠革命領袖們的絕對理想。

法之反動思潮是隨現象（事實）而來，並非先有理論後有事實。故革命者最應負責。彼總以為一夕致變，自由平等就來了。其理想成了絕對真理，乃容不下妥協。

聖鞠其特曰：「在共和國中，模稜兩事，事事消極者，應受處罰。」

卡累(Carrier)曰：寧見法國成墳墓，不願見吾人改造計劃失敗。

當時一位獨具慧眼的觀察家說，革命者總自以為有一使命，掃除過往之一切，糾正所有人心中的謬誤，使能圖子孫快樂，欲速則不達。藉斷頭台建設新社會，結果使成無政府。

(二)拿破崙的唯實主義。

法之反動可謂自拿破崙掌權開始，亦起於事實須要。

①彼視盧梭為瘋漢，唯名利是求，問事實不要原理，不管門第只管賢能（限於對己盡忠者）。彼1804年稱帝，自稱「朕即國家」。

②稱帝後。主權在民、民選元首、言論自由已成泡影。但一般民眾只求秩序安寧，那管什麼理想。

(三)路易十八大反動。

①至拿破崙敗，路易借外力復辟登位，1814年頒一妥協性憲章。

天主教為國家，容忍異教；保留貴族，地位不在；設有上下兩院，惟提案與裁可權在君主；人民可以參政，選舉權受財產限制。

②妥協之理由不外：其一地位來自外力，不敢太專權。其二憲法、選舉乃潮流所向，須加敷衍。其三，避免左右、新舊之衝突。

小結：此時之反動思想家，如梅斯特、波邦爾、拉梅內為代表，不只排斥1789原理，且積極回到中古世紀之理想。

136　論法國革命後，梅斯特(Joseph de Maistre, 1753~1821)之反動思想

彼生於教育嚴格的貴族家庭，服從觀念強。身經革命之痛，

乃趨保守。著有：主權研究、探討法蘭西時事、新教與主權、憲法本原，論教皇。

㈠彼大志在「完全剷除十八世紀之精神」：

彼視洛克、盧梭、休謨、福爾泰、培根均社會禍害。法國災難乃人類之罪惡。人類犯有罪孽，全體負責，上帝降災。

十八世紀之個人主義，充滿破壞精神。

對革命－絕無合理之根據。何謂「暴政」？其程度、種類，何項機關決定人民可以革命了？人民果有痛苦，除祈禱外別無出路。

人權宣言只是騙局。此乃彼對法國革命之總結。

㈡從神權政治出發。

①上帝創造一切（含制憲）：

人能種樹，但不能造樹。有何能力可以製造憲法，即政治、社會、主權、個人都是上帝所造。「憲法愈成文愈脆弱」，憲法與法律都不是成文的。

「社會絕非人的作品，而是大主宰之意志的直接結果。」

②政府即大宗教，教高於政。「人類社會制度若無宗教基礎，不能垂久遠。」「制度愈依神靈，愈能久遠。」，政府便是大宗教，自有主義、神秘、牧師。彼謂宗教，指天主教，餘皆異端。

革命之起，人人之墮，在宗教之衰，又因教皇失勢，振興之道在使教皇重掌大權，控制國君。「無總攬主權的教皇，即無真正基督教，便無社會國家。」彼認為，人民可反抗則陷無政府，人民服從則陷專制，惟用教皇控制國君，蓋教皇只向上帝負責，

是上帝主宰一切。

㈢推翻「主權在民」說－主權來自上帝。

主權在民，而主權者統治其自己，不但矛盾且邏輯不通。

人民果為主權，誰是代表？故上帝才是真正主權者。

有社會便有主權，主權是單一、神聖、最高、絕對的。

㈣世襲君主政體最優：

自然境域、契約政府，彼視之夢話。人民認識自己前，人民政府早已存在。

政體必適合民性、環境，故無所謂最優政體；

但民治政體最劣，其「無主權的社會」，不完整的人群，無教育、無美德、暴橫成性……人民是永久的兒童，永久的瘋子。

貴族利益太多，故最佳為君主政體，最能給人民平等自由。嚴格說，「一切政府都是君主政體。」「君主政體者，乃是一個集權的貴族政體。」

137 論法國革命成功後，波那爾(Louis Gabriel Ambrcise de Bonald, 1754~1840)的反動思想。（兼論謝多勃良、拉梅內思想）

彼同為政治家與哲學家之逃亡貴族，痛斥盧、孟之輩。政治上守舊，宗教上主張法國應隸屬羅馬，彼唯一企求恢復天主教與君主政體。1830 年革命再起，新王 Louis Phillipe 即位，彼不肯宣誓效忠，退隱歸里。

著作有政哲權力論、社會系統的自然法度、原始立法，對法

蘭西革命之感想等。

㈠基本政治思想：政基於教。

①一切人事以上帝為本：「上帝是無限的意志，愛情與力
量。」宗教如一位嚴父，命定一切法律。上流階級應先信仰
宗教，才能復興政治。

②上帝存在的證據何在？人類有語言即表示上帝的存在。惟語
言能表達其思想。語言非人所創造。彼所指上帝，只有天主
基督中的上帝。

㈡同梅斯特否定革命與憲法。

①自由之結果監獄大開，平等之結果增加無數爵位，博愛之結
果分化團結。

到處只見死亡，到處只見動亂，只有雅各賓黨人是顯貴。更
痛斥人權宣言，盧梭等輩只是一群瘋子。

②亦同梅斯特攻擊成文憲法，革命前已有憲法，不必論有無。

「憲法，即人民的生活方式。存在1400多年歷史的民族，詰
問其有無憲法，無異問其是否存在。」一向有的君主、貴族、宗
教、政令便是憲法。

人絕不能造憲，人無能、無力，亦無權造憲。

㈢對「自然社會」、「自然宗教」、「全意志」有不同
定義。

①自然社會 {
自然宗教社會 {
人與上帝的必然關係。
有合理的公共宗教（天主基督教）。
}
自然政治社會 {
指家族。
合理的政治社會（君主國家）
}
} 民事社會 三大條件 {
公共宗教
統一權力
世襲貴族
}

②全意志：即是主權，以國君為代表，最後所有者是上帝。

只有上帝是真正、完全的主權者，即主權在上帝。

㈣君主政體最優：

君主如一個圓的中心，無中心不成圓，無君主不成國家。政治社會之目的，在維護永久，保存一切，故須有世襲君主。君權絕對無限，有君後有民。彼承認君主亦受法律制裁。

㈤謝多勃良(Francois Auguste Rene de Chateaubriand, 1768~1848)。

志在發揚天主教義，復興君主政體。著革命論，譏評革命；基督教之精神在頌揚宗教。拿破崙、路易十八均贊之。復辟後任內務大臣，出使英德。

㈥拉梅內(Hagnes Felicite Robert de Lamennais, 1782~1854)。

前述謝、梅、波雖視宗教為政治基礎，但總的立論仍站在國家方面。惟 Lamennais 全將政治附於宗教之下，認為教權高於政權，教權最高無上。國家不能干涉。彼一生思想轉變多次，初信君主，繼望教皇，旋倡導自由教會，又擁護民治，且幾又同情共產黨人。

第八章 英美功利主義派之政治思想

一、淵源與背景
二、邊沁
三、穆勒
四、小穆勒
五、功利主義之影響與貢獻

一、淵源與背景

138 英國功利主義派政治思想之淵源與背景

功利主義是十九世紀英國社會運動之標語。方法上是個人主義，目的恐是團合主義。「最多數人之最大量樂。」

㈠功利觀念的源淵：

如柏拉圖「共和國」：快樂是人群行為之準則，政治道德之目的。故快樂是重要之功利。

18 世紀法國愛爾法修，義大利柏卡里亞，已論趨樂避苦之原理。不論在西方，在吾中國，功利思想都有久遠的歷史。

㈡從時世、思潮、民情三方面看：

①經濟方面：工業革命之起，使重商時代的政治、社會、道德

面臨改變。

社會方面：工人因工業組合運動，地位日趨重要。

政治方面：舊法要修，工商自由，國會議席重分，投票選舉之獨立。

整個社會、政治，制度所依據的理論全都動搖了，須有新理論替代。

功利主義因應而生，此指時世方面。

②思潮方面：

| 英國人 | 美國獨立引為遺憾。
法之革命、拿破崙吞併歐洲，已感厭惡。
柏克之反動只有防禦。 | 革命反動 ∨ 不通 | 出路→功利主義 |

③民情風俗：

其一，英人務實不尚空談，如唯心論便少有信徒。其二，英人重視自由，功利主張放任，二者乃合。其三，保守持重反對激烈是英人第二天性。

㈢功利主義三大領袖之創見：

①邊沁：以功利為中心建立基本哲學系統，發揮動聲之議論，而成當代之風潮。

②大穆勒：補充功利主義之心理學根據，使其通俗化。

③小穆勒：化簡粗為繁細，對原始邊沁主義加以修正，也因環境關係及修正，使簡單整齊的功利主義隨之而亡。

二、邊泌(Jeremy Bentham, 1748~1832)

生於倫敦中產家庭，初抨擊法之革命，到拿破崙敗，英法復交。到 1792 年法蘭西革命政府贈賜邊泌為榮譽國藉，其學說始合革命潮流。著有：政府片論、道德與立法之原理初步、巴力門改革計劃、憲法彙典、道德學等。

139 論邊泌道德論－人性苦樂論

㈠人性（自然）之公律：

①一切人事、自然有一大公律，即趨樂避苦。是非道德之標準，乃最多數人之最大量樂。一切道德、政治、法律、公正都基於功利。

功利之完義「一事之特質對其關係者，能產生利益、優勝、快樂、良善，而能防止痛苦、不樂、惡毒。」

②人性見解似受「聯念主義派心理學」(associationist psychology)影響：此派代表哈德烈，其理論：一切快樂質盡同，而量可異。快樂是許多愉快合成的。

㈡苦樂論：

①苦樂分單純與複雜兩種，而數種「單純」可合成「複雜」：

單純的快樂有十四種：器官感覺、財富、技能、好愛、令名、權力、敬神、善意、惡意、記憶、幻想、期待、聯念、急解。

單純的苦有十二種：器官、喪失、狼狽、仇恨、惡名、犯神、同情、惡意、記憶、幻想、期待、聯念。

②基本假定：一切苦樂質同，量有異。差異在 intensity、dur-
ation、certainty or uncertainty、propinquity or remoteness。
論對行為影響有 fecundity or infecundity 及 purity or impurity。

③「最多數人之最大量樂」如何估計：其一，算苦勝樂或樂勝
苦；其二，將此計算遍及每一人；其三，以多少受利或受害
人判定是否違反功利原則。

④功利的功能：宇宙間對人有四大制裁，物理、政治、道德、
宗教。

㈢對苦樂論之批判：

①苦樂可計量，而謂質同似有不通。日後小穆勒承認其品質有
異。計算方式又如何！問題很大。

②常人行事之前，是否先行估算「樂多於苦」的程序，若是，
則人類歷史是此計算之結果：理應苦少或無苦才是！

③三十二種人的 sensibility 的不同境遇：如 fiymness、inclina-
tions、antipathetic、pecuniary、lineage 等。境遇一變，苦樂
也變，則全國人民之苦樂將如何計算。

140　論邊沁的國家論與政府論

邊沁並無一部完整的國家論，只在「政府論」中，有國家論
述。

㈠國家之目的與定義：

①四大次屬目標：立法家於決定權利義務分配時，須以國民全
體快樂為標準。快樂有四個次屬目標：生存、富足、平等、

安全。

　生存、富足是國家最大積極目標。「當安全與平等不能兩立時，平等要退讓；生存、富足及一切快樂都賴安全。

②其平等與共產式不同。若必須以平等做一切社會組織之根據，則平等與安全將兩敗俱傷。他的財富之樂並非建在「均分財產」上。理由：其一，各人 Sensibility 不同，同量財富未必同量樂；其二，Sensibility 相同的兩人財富與快樂也未必成正比；其三，社會不是白紙，不能去長補短。其四，均分財產，終將無物可分；其五，實行共產奴隸制才能均分財產。

③國家與主權：「一群人，大體已有服從習慣，服從一人或一批人（名之執政），這一群人與執政已在政治社會中。」所謂國家不過出令受令、治人治於人之分而已。其國家、政府執政三者似無區別，初認主權在執政，晚年又似主權在民。執政之進退，操人民之手，流弊可減少。

㈡政府之定義、職責、組織原則：

①政府定義與職責。施行政治工作者之全體，名之曰政府。其目的（職責）在「藉刑賞以促進社會之快樂。」藉刑賞用意在利導「人行」。

②討論政體須明三大原則（組織政府三大功利原則）：其一，人性自私，政府應謀「最多數人之最大量樂」；其二，運用制度使為己之個人變成求眾樂之政府；其三，使公私利合一，方法是用制衡制度。

③民治最佳，自由與專制之別在：權力分配、各級人民劃分依

據、治與被治關係及易更、責任、自由。

㈢巴力門改革計劃：

①議員對選民要有五項擔保：選民意見為主，保持獨立，任何
　行政官吏，經濟津貼普遍一律，年選國會。

②選舉投票四大目標：普選（含女性）、平等、自由、秘密。

③立法控馭行政與司法：國會一院，立法總攬大權；蓋兩院易
　有衝突與賄賂。

㈣重視「公意」：其公意似現今吾人所謂的「民意」或「政治文化」。

公意重要而不足恃。「公意有施刑賞，產苦樂的勢力，亦為
道德制裁。」但有時是一種成見、空名、謬誤、假意、被利用而
已。補救之道是自由公開，（指言論、報紙、國事、議場、法庭
等。），故亦不足恃。

141　論邊沁的法律、經濟、教育思想

法律改革乃彼一生最大事業，內在背景是「英國乃法官造
法，謀法官之利。」

「吾國司法界中公正是商品，貧者得不到。」外在背景是歐
洲各國已有法律改革之呼聲。各國都黑暗，英國死罪有160餘種，
英之司法乃全歐最黑者。

㈠關於法律思想方面。

①法的定義：法律是意志的表現。

②立法的先期考量（條件）：訂法於期待尚未形成前，普遍周知，貫徹一致，合功利原理，結構有方，能實行，字句明白精確。此亦立法原則：生存、富足、安全、平等。

③法律與倫理劃分範圍：第一層，無據可罰者，兩者不問，且政治與道德取放任；第二層，無能力可罰者，法律少涉而倫理效果不大；第三層，有據可罰者，法律可罰而無益，由倫理去辦理。法律少為貴。彼並認為人民少知權利為妙，少出亂子。

(二)關於民刑法之改革：

①刑法之目的：個人而公眾。犯罪有三種：破壞國家或其代表，破壞個人安全（生命、財產、名譽），破壞公設之法律。

②條律要有彈性，其有十一種特質：Variability、Equability、Frugality、Commensurability、Characteristicalness、Exemplarity、Efficacy、Subserviency to reformation、Campensation、Popularity、Remissibility。

③防止重於懲罰，其補救途徑有四：Preventative、Repressive、Penal、Compensatary。

(三)關於經濟、教育：

①經濟上，接受 Adams Smith 放任主義，將自由貿易原則用於借貸。

「任何健全自由的人，若覺借貸有利則不應受阻，出借者在合條件不應多加干擾。」勸法蘭西人民「解放貴族之殖民地！」，1828 年為加拿大起草請願獨立。

②教育上，分身心兩方面。心含德、智，挾義言指家庭、學
　校。廣義言，指一切態度、行為。

小結：「功利」一詞非彼所創，但將政治、道德同置一基礎
　　　上而成一系統，其居首功。

三、穆勒、哲姆斯(James Mill, 1773~ 1836)

142　論 James Mill 政治思想

彼為邊沁之得力大將，生於蘇格蘭之平民階級。建立功利思
想的心理學基礎。要著有：英領印度史、政治經濟學綱要、人心
觀象之分析、選票及政府篇、法律篇等多種。

㈠論政府：

①政府之目的：在自制，組織政府原不過保護眾人之權利，如
　口鼻手足。如何使執政者為公制？任何政體都有黑暗面，純
　粹代議政體最能保障政治良好。
②代議機關應如何組織？
　其一，國會任期要短，使選民控制代議士，可連選。則公私
利可吻合。
　其二，代議範圍要廣，各界各行各業都有。
　其三，選舉權財產限制降低，年齡提高，約40歲才能有選舉
權。女子不參政。
　其四，投票秘密，不受金錢影響。彼信富人終能掌權，應注

意方法。

「富人終能取得政府，但治權取得途徑甚重要，方法不正必是惡政府，反之為良政府。取得政權唯一良法，是人民的投票自由。」

其五，上院存在利少弊多。立法權不能賦予一批浮幸好閒之徒。若不能立即取消，應限制其權力。

其六，君主與人民公利可以並存，但君主不能勾結貴族，壓迫平民。

㈡論法律：

①法學之目的（範圍）有四：「權利定義、犯罪責罰、法庭組織、訟判手續。」

保障權利方法為權利應有明確定義，破壞權利之行為應受罰，關於權利之認定由專司法官行之，法官依法判決。

②國際法方面，主張成立國際審判機關，法律編纂等。彼深信國際法有民眾及公意後盾，終能得勝。

國際審判機關之判決，真為保障，使國際爭端消弭……必使人們思想產生莫大力量。

㈢教育與經濟：

教育方面，甚注意智慧與智識、中庸、公正大量，為各類教育的共同目標。政治教育有獨到見解，政治機關若能造成下列影響：使眾人知道吾人目的在貢獻人類之偉業懿行與博愛，自能傳播風氣，造成智慧、自制、仁德的行為；反之，只造成一批阿附逢仰之徒。可見政治風氣領導一切社會風氣。政治經濟綱要認為人口應有調節，使人口與土地產量維持適當的比例。

四、小穆勒、約翰(John Stuart Mill, 1806~1873)

彼論功利，距乃父政府篇已40年，距邊泌則百年，環境也變了。時正工業進步，勞動階級群集大都會。彼任職東印度公司有35年，1865年獲選國會議員，著邏輯之體系（嚴復：名學）、政治經濟學原理、論自由等。

143 論小 Mill 的人性論與功利新解

㈠人性論：了解彼思想之捷徑。

①「人類行為同自然現象，受制於固定不變之公律。」即能建立「政治科學」「道德科學」之理論，以解釋、控制現象。了解個人便能了解社會，故其承認個人心理，不承認社會心理。

②人性：人性公律可以實證，為支配一切行為主因。故「人性科學」「人品學」可以成立。前者研究人的思想、感覺、行為。後者研究「人心」。

其研究方法用歸納與演繹，彼反對直覺論，否認知識可超驗，那捨感覺、經驗、聯念外，無「心」可言。

③研究人性：心理之目的在建立理論。方便了解其運行、解釋與控制。人性未必都要順從，有時要控制或違反。

㈡功利新解：

人性趨樂避苦，所企求除快樂外別無他物。人有時誤將工具

（如金錢、權力）當目的，實仍在企求的（金錢、權力）。此與邊泌同，異者尚有：

①小 Mill 側重社會之樂。「獨樂樂不如眾樂樂」，許多美德，吾人寧可犧牲快樂以增加世界上快樂。「功利主義中行為的是非標準，不在獨樂而在眾樂。」教育、公意、法律制度應明此點。

②苦樂品質有優劣之異，此與邊泌相反，有些快樂 Socrates 不滿足，愚夫可以滿足。苦樂之量也彼此不同，人品智慧有高下，高人之樂非下人所能知。

③所謂趨樂避苦，不必每事每人。

　自己權橫取捨，人類數千年經驗許多事已有答案，人亦非「苦樂加減機」。

④公正有多種解釋：是否尊重他人法律上權利？個人所得福禍是否應得？是否守信？是否大公無私？

　　小結：快樂即是吾人行為唯一目的，則一切真善美、道德、公正之標準也都基於快樂功利。

144　論小穆勒(John Stuart Mill)的自由論。

自由論為彼政治學與倫理學之聯合，且為功利體系之柱石。其多言社會，少用「國家」之詞，恐系抗議德國唯心主義派。

彼所謂自由非政治自由而已，是廣義的社會自由。社會中各種專暴不僅起於執政官……其專暴將十百倍於政治壓迫……僅防官吏專暴不足，尚有社會中流行的私罰、歧視、偏見等。

㈠自由論之目的，建立「一項單純原理」：

①此原理：「人類而欲干涉別人自由，唯一根據是自衛。任何人之行為，其涉及他人者應受社會控制，只關一己言行者應絕對獨立自由。個人對一己身心是無上主宰。」

②據上原理，得兩大原則。「其一，只關一己利害之行為不向社會負責，社會若欲干涉由有利彼輩的旁人去出面教訓；其二，有損他人行為者，要負責並受法律制裁。」兩種之取捨，視社會自衛而定。

彼所謂「一己之行為」是指廣大的自由領域。其一，內在意識自由（如思想、信仰、言論、情感）；其二，行為自由（含集會、結社）。

③思想言論必須絕對自由的道理。其一，任何意見，若壓制消滅，吾人怎知其本來是否對的！且未必是永遠錯的。其二，意見總和為誤，也有真的部份，世上絕少是全真或全錯的事，讓歧異衝突後，才能尋得真確。其三，多數若是全真而不許少數抗辯，豈不成多數「成見」？其四，經過挑戰對人才有積極影響。

故其通信集曰：一人所持意見縱與全人類相反，亦不應強使消滅。

④意見與行為自由總因：保持真實與發展個性，制裁之本身就是一種禍害(All restraint, qua restraint, is an evil.)。

㈡行為自由部份宜縮，但與意識相差無幾。

①空有意見不能實行，意見何貴？且人非如羊之馴服，如猴模仿。嘗試與創造是文化進展不可或缺的條件。

②人非機械，各具所長，任其發展，文化乃富豐。尤其天才之養成，端賴自由創造之空間。（其服膺洪保德 Von Humboldt 個人主義在此。）

③企求、衝動是人性之一，若勉強壓抑將致堤決傷人，不如放任無害。

④「公眾之干涉、常謬誤百出，且干涉其不應干涉者。」

(三)評小 Mill 之思想：

①涉己 Self-regarding 與涉人 others-regarding 本難強分。如彼謂可賭博而不可公開，可酒醉但不可傷人或有礙公務，有怠情自由而不能使兒女吃不飽。凡此好笑而矛盾。

②一般民眾不足信，意來人人可享絕對自由。且若樂品質賢愚有別，怎說人人自由？而兒童、野人、退化民族怎說沒自由呢？

③社會中道德、法律干涉常有誤判誤解，個人難到無誤嗎？

　　小結：彼自由論斷難做社會干涉之標準，但有其時代背景。當時漸向「團合」，法律多有干涉，社會不容個性等。

　　　　　強制與干涉也是必要，唯方法、範圍如何？若人人能「從心所欲而不逾矩」，則政府可無，法律不要，道德可廢。

145　論小 Mill 的民治與政府思想

彼政府與民治思想表現在政府論、代議政體、婦女解放方

面。

㈠關於政體（起源、條件、優劣）：

①歷史見解有二：其一，人所發明創造的，如佩因。其二，自然長成的，如柏克。但政體無優劣，此似承法國Montesquieu，若有較佳為間接民治，即代議政體。

②任何民族可以相當範圍內自選政體，但合三條件：其一，人民能接受，至少不甚反對；其二，人民願為與能為此政體貢獻；其三，人民能使政體實現其本意。

㈡代議（民治）政體之評估與改進：

①一般代議士智識能力的置疑：彼對人民並不信任，曰A Congregation of isolated individuals, all equals but all slaves。故對代議制度多有限制。其一，國會立法而不行為，蓋貴在人多，行政則集中一人負責，且技術經驗為優。其二，國會正當職責在使執政者得人。其三，國會人眾口雜，不配直接立法，由政府設立法委員會專提法案。

②代議制度弊病多。其一，國會愚蠢無能，智慧不足，其害同君主，又比官僚政治差；其二，議員被特種利益集團控制，為私害公。與日後 Maine、Mallock、Faguet 攻擊民治實同。

③代議民治的糾正如：不論男女，擴張選權；複票制度，此與邊沁一人一票不同；少數代表；公開投票，直接選舉，任期宜短，議會代表全體，應盡義務。

㈢政府之職責及干涉範圍。

①「第一職責在保護人與財產。」國家辦理教育亦反對，「國

家教育總是做一種統一性的計劃，使所有人都同一模型，以
符合主權者的理想……將愈成專制。主要理由還在干涉自
由。

②放任之根據及範圍：個人能而優於政府者不干涉；如實業；
個人為之不及政府，但對教育、社會有利者不干涉，如慈善
事業；無必要徒增政府之權力者，應放任。

③良好政府之標準：其一改善會中各人之優美品質，人人公
正、創造、公私利合一。其二，當時人民已具的美質納入政
治制度中，以收效益。

㈣其他思想上貢獻。

①婦女解放，自由平等才能完全實現。對社會福樂、公正、乃
有益。

②彼時政治學有兩大貢獻。其一，彼認政治中勢力（如公意）
是存在的。其二，政治道德能左右政治運行。

③彼為邏輯家，重視方法。

五、功利主義之影響與貢獻

146　論奧斯丁(John Austin，1790~1859)政治思想（兼論薛知微）

彼「法律主權論」源於邊沁。著有法學範圍之決定、憲法窺
見、法學講集。

㈠國家成立條件：具備治者與被治者。

「設有一位明顯的在上者，本身沒有同樣更上者必須服從，卻得到社會大部份習慣服從，則此明顯的在上者便是該社會的主權者，此社會亦是一個政治獨立之社會。」

彼學說是法律科學的，不問「誰應為主權者？」，只問「誰是主權者？」

人民為何有習慣服從，彼曰三大元素：功利（含習慣、成見）。「社會大眾確認政府統治合於功利，或任何政府優於無政府。」

㈡法的分類與關係。

①神命法：乃上帝已啟示給人類者，未給者另稱「自然法」。

②實在法：主權者訂而用於眾人。（彼所主視）

嚴格的「法」。（關係如圖）

③實在道德：非主權者訂，行於社會中。

④萬物法：遍及下等動物或其他事物。

A、C、G－三者各獨佔範圍。

d、b、f－三者相衝突之處。

E－三者吻合處。

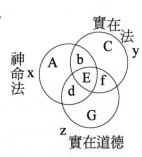

㈢政府之正當目的：

「在增進人類最大快樂。」一本功利雖同前，但實現途徑已別。一旦政府專暴，則人民去之謀新，是則服從與反抗都合乎功利原則。